Hablemos de no maternidad

Sea cual sea el motivo.

DEDICATORIA

A ti que no eres madre por el motivo que sea, estés a gusto o no con tu decisión o tu circunstancia, te dedico este libro para que, si a veces tienes dudas o te sientes presionada o juzgada, recuerdes que no estás sola y encuentres en las siguientes páginas reflexiones que te puedan acompañar y guiar para resolver aspectos que te preocupan o incomodan.

INDICE

AGRADECIMIENTOS

Primero a mi familia y amigos que nunca me juzgaron ni me hicieron creer que hubiera algo malo en mi decisión.

Después, a mi marido, mi compañero de viaje con el que tomé la mejor decisión posible para disfrutar de nuestras vidas, tanto de manera individual, como en pareja.

A todas las mujeres que durante estos años me han seguido en redes, me han escrito para hacerme partícipe de sus circunstancias, sus dudas, sus retos, a las que han confiado en mí para acompañarlas en sus procesos y, por supuesto, y muy especialmente, a las suscriptoras de mi newsletter que respondieron a mi petición de dar sus testimonios para que hoy puedas leerlos en este libro.

QUIÉN SOY YO Y POR QUÉ ESCRIBO ESTE LIBRO

Soy Pilar y a la hora de escribir este libro, me dedico a acompañar a mujeres, entre otras cosas a tomar la decisión de si quieren ser madres o no.

Estoy casada desde hace casi 23 años, no tengo hijos y nunca tuve esa necesidad.

Fui una niña en los años 70 cuando prácticamente todas, al menos en España, recibíamos muñecas Nancys y Baby mocosetes para Reyes, Papá Noel o cumpleaños. Si eres de mi generación, te acordarás de ellos. Y como prácticamente todas, jugaba a que eran mis bebés.

Crecí en una familia numerosa, soy la mayor de cuatro hermanos (2 hermanos y 1 hermana) y veía "normal" jugar a ser mamá, incluso daba por hecho, supongo, que un día lo sería, ya que nadie, nunca me dijo que eso fuera una opción.

No fui una adolescente que pensara en hijos, como algunas de mis amigas que tenían claro, que se casarían y tendrían un niño y una niña. En mi cabeza había otras muchas cosas, pero no eso.

Cuando conocí a Ismael, nunca hablamos del tema. Incluso en nuestros 30 y muchos seguíamos pensando en divertirnos, viajar, estar con amigos, no en tener hijos. Creo que pensaba que las ganas de ser madre vendrían un día solas, como por arte de magia y mientras esperaba, nos dedicábamos simplemente a vivir, pero ahora sé que en el fondo yo no quería realmente ser madre.

Fue ya con 40 años, cuando teníamos sobrinos y sobrinas pequeñitos con los que nos relacionábamos mucho, y con los que nos lo pasábamos en grande, que yo me planteé, si quería ser madre. Lo hablé con mi marido y nos dimos cuenta muy fácil y rápidamente que preferíamos ser tíos a ser padres.

Fin de la historia. Para nosotros nunca fue difícil. ¿Quiere eso decir que, sobre todo yo, no haya pasado por las mismas preguntas y cuestionamientos, incluso opiniones no solicitadas de personas que se creían en su derecho a opinar?, ¿quiere esto decir que nunca, jamás se me haya cruzado por la cabeza, aunque sea un segundo, ¿cómo habría sido mi vida de haber tenido hijos? ¡Claro que no!, lo que ocurre es que al segundo siguiente tengo claro que eso es simplemente una suposición, pero no una certeza y que mi (nuestra) decisión fue la más acertada para nosotros por el modo de vida que queríamos vivir y el tipo de personas que somos.

Cuando nos preguntaban, al principio con treinta y pocos, decíamos simplemente "estamos muy bien así", y después decíamos abiertamente que no queríamos ser padres.

Nuestras familias nos respetaron desde el minuto uno. Nuestros amigos más cercanos también. Nunca tuvimos presión por parte de ellos, ni preguntas, ni opiniones, ni tuvimos que escuchar frases manipuladoras. De otros amigos con los que habíamos tenido más relación durante nuestra juventud y con los que habíamos perdido contacto al ser ellos padres, sí que tuvimos que escuchar preguntas entre risas del tipo, "¿qué pasa con vosotros?". Pero lo zanjábamos rápidamente y no iba a más.

Lo curioso era que no ocurría lo mismo con personas ajenas a nuestro círculo, personas que sólo eran conocidas o vecinos de nuestros padres o incluso nuestros. Recuerdo preguntas muy descaradas por parte de personas con las que apenas teníamos trato. No solo nos preguntaban, sino que se atrevían a darnos su opinión con frases como "un matrimonio sin hijos es como un jardín sin flores", "una pareja sin hijos es una cosa tonta", (muy fuerte esta de parte de una vecina de mi abuela) "¿es que no os gustan los niños?", "¿no vais a hacer abuela a tu madre?" (esta nos la hacía una prima de mi suegra cada vez que nos veía, hasta que ya le quedó claro que ni los íbamos a tener, ni nos sentaba bien su pregunta).

Yo, por mi parte, también tuve que escuchar cosas como que lo más bonito que le puede pasar a una mujer es ser madre o la tan escuchada frase "luego te puedes arrepentir y ya será tarde para tenerlos" o que si no los tenía me estaba perdiendo una experiencia (por supuesto, como quién es madre se pierde la experiencia de vivir sin hijos) y por supuesto, me preguntaban que, si no teníamos hijos, entonces quién nos cuidaría cuando fuéramos mayores. Te suena, ¿verdad?

No te voy a decir que a veces no pusiera cara de pocos amigos, sobre todo cuando estas preguntas y opiniones venían de personas que apenas me conocían y se atrevían a preguntar algo tan íntimo e incluso a ofrecerme su parecer cuando ni se lo había preguntado, pero la verdad es que siempre tuve muy claro que me daba lo mismo lo que me dijeran o lo que opinaran. Nosotros no dudábamos de nuestra decisión y, sobre todo, teníamos claro que eso no era de la incumbencia de nadie.

Ni que decir tiene que a mi marido nunca nadie le cuestionó y si algún compañero o conocido alguna vez le preguntó si tenía hijos, al responder que no queríamos, por respuesta había un "pues hacéis muy bien".

A mí esto me asombraba. ¿Cómo era posible que a él los hombres no solo le respetaran, sino que, además, le apoyaran y a mí, las mujeres me cuestionaran o me trataran de convencer?

Yo seguía mi vida sin que este tema me hiciera sentir mal, ni dudar, y un día, saliendo de mi casa, bajaba por la escalera una vecina con la que en todos los años que llevábamos viviendo en este lugar solo había cruzado un par de frases de cortesía. Se esperó a tenerme a su altura y así, sin más, me soltó "¿Qué pasa, que no queréis tener hijos?, ¿es que no os gustan?, como os veo mucho con vuestras sobrinas…" Ojiplática me quedé. Le respondí que no, que no queríamos y que estábamos muy bien así. Y mi respuesta debió ser tan firme que ya no siguió.

Esta intromisión en mi vida me hizo pensar en si otras mujeres estarían recibiendo este tipo de preguntas de parte de cualquiera que tuviera un poco de caradura para hacerlas y se fue gestando la idea de intentar contactar con mujeres en mi misma situación.

Mi primer blog fue en una página que creé con mi hermana para vender muñecos hechos a mano, dirigidos a las mujeres que no tenían hijos, pero si sobrinos o niños cercanos a lo que deseaban regalar. Mi hermana dejó la marca y yo decidí continuar con el blog.

Era el año 2018.

Poco a poco el proyecto se fue transformando hasta acabar con el nombre que ha dado título a este libro y durante 2 años he estado divulgando y, sobre todo, acompañando a mujeres en su proceso de decisión sobre si querían ser madres o no, así como a gestionar miedos asociados como el miedo a la soledad o a envejecer sin hijos.

Llegado a un punto del proyecto, tuve la necesidad de reunir en un libro todo sobre lo que había estado compartiendo en Instagram y en mi newsletter de una manera ordenada y estructurada.

¿Por qué? En primer lugar, para que pudiera llegar a más mujeres sin la esclavitud de estar constantemente escribiendo en redes, cruzando los dedos para ver si el dichoso algoritmo consideraba lo que escribía lo suficientemente valioso, atractivo o llamativo, como para difundirlo. En segundo lugar y, sobre todo, porque quería que las mujeres que no eran madres y estaban atravesando momentos difíciles porque no sabían si querían serlo o no, o porque estaban siendo presionadas para serlo, o incluso las que ya teniéndolo claro, bien por decisión propia, bien porque no habían podido y ya lo habían aceptado, pudieran encontrar en un solo lugar reflexiones sobre los distintos temas que pueden preocuparnos o interesarnos a las mujeres sin hijos, basados en mi experiencia acompañando a mujeres en sus procesos y en la mía propia.

Pero también tengo un tercer motivo para escribir este libro y es que, si este libro llega a manos de una mujer que tiene hijos o que los va a tener, pueda hacerle entender que ni todas las mujeres que quieren ser madre pueden llegar a serlo, ni todas las que podemos serlo, queremos y que nuestra circunstancia o elección de vida es tan válida, magnífica y respetable como la suya.

Quizás soy muy ingenua, pero me gustaría creer que aporto mi granito de arena para que después de leerlo seamos más empáticas unas con otras o al menos más respetuosas y dejemos de dar por hecho cosas que no conocemos de la mujer o pareja que tenemos frente a nosotras y de preguntar por los deseos de las demás, porque, si lo piensas, nadie pregunta a una mujer que ha sido madre por qué lo ha sido, sin embargo a quiénes no lo hemos sido se nos pregunta, muy fácilmente y a la ligera, el motivo de no tenerlos.

Dicho esto, quiero resaltar una cosa que para mí es fundamental y que he tenido en mente en todo momento, no solo al escribir este libro, sino siempre que he compartido en redes o en mi blog: esto no es una llamada a la no maternidad, ni una batalla en contra de quienes desean ser madres. Esto es simplemente una reflexión sobre aspectos importantes que rodean la vida de una mujer sin hijos, algunos de ellos generadores de molestia o incluso dolor, dependiendo del punto en el que cada una esté en su camino. El tomar estas reflexiones simplemente como una lectura amena sobre la no maternidad y sus circunstancias o tomarla como punto de partida para que reflexiones sobre los aspectos que puedan estar creándote más problemas, es una decisión tuya. Y, me encantaría que sirviera para comprender otras realidades, y al menos, respetar.

Porque finalmente esto va de respeto, de tolerancia, de dejar que cada mujer elija el camino que desee, aunque a veces ese camino, para algunas, no sea el que desea sino el que no tiene más remedio que aceptar.

Sólo una aclaración más antes de empezar con el contenido: al escribir este libro, me he centrado en las mujeres que no tenéis hijos por elección, como es mi caso, en las que estáis en un momento de duda o que, habiéndolo intentado, no lo habéis conseguido, pero ya habéis pasado el duelo. Esto es así principalmente porque es a quién me he dirigido desde el principio en mis redes y en mi blog ya que, al no haber intentado nunca ser madre, desconozco en profundidad lo que debes sentir si estás ahí y no me siento ni con la autoridad ni con la experiencia de poder hablar sobre el duelo. Para eso ya hay magníficas profesionales que lo hacen muy bien. No obstante, por lo que alguna mujer me ha comentado por correo o por redes, el hecho de leer sobre mujeres que decidimos no ser madres o sobre mujeres, que habiendo querido serlo no pudieron y lo superaron, les ha dado esperanza en que ellas podrían llegar a ese punto de tranquilidad con sus circunstancias al que han llegado otras. Ojalá que este libro te sirva para acompañarte en ese duro momento que puedes estar viviendo, pero, ten en cuenta que, aunque hay un capítulo dedicado a las mujeres que lo estáis intentando y no podéis, no trato ese tema y si estás pasando el duelo, necesitas acompañamiento profesional

Sean cuales sean las circunstancias por las que no eres madre y estés en el punto que estés, deseo de corazón que te guste y te resulte útil. Y mientras lo lees, quiero que sepas que tienes todo mi respeto, cariño y apoyo.

Con cariño,
Pilar.

CÓMO HEMOS LLEGADO A ESTA SITUACIÓN

Como habrás podido observar, aún hoy en día, la palabra mujer se sigue uniendo, la mayoría de las veces con la palabra madre, de hecho, de esta asociación se derivan todas las preguntas y los juicios que recibimos las mujeres en cuanto llegamos a la edad que se considera adecuada para procrear si no cumplimos con ese mandato. Pero no ocurre lo mismo con la palabra hombre y padre, porque es muy raro que a un hombre se le pregunte si es padre, y si se le pregunta, el cuestionamiento para aquí, no hay más preguntas ni juicios.

Si esta diferencia se debe a que si bien existe la relación mujer= madre, no existe la asociación hombre=padre, la pregunta básica, según lo veo es ¿cómo hemos llegado a esta asociación?

Para comprenderlo, necesitamos entender en qué punto hombre y mujer empezaron a diferenciarse tanto socialmente, ya que las diferencias biológicas están claras, y para eso hay que dar un paseo por la historia. Tranquila que este libro no pretende ser ni un tratado de historia, ni de sociología, así que será un paseo agradable.

Empezamos. Parece ser que cuando vivíamos en las cavernas y nos dedicábamos a cazar, no existían diferencias entre las tareas de hombres y mujeres. Las diferencias de sexo empiezan a darse cuando empezamos a cultivar y aparece la agricultura, que por cierto era una tarea muy importante para la economía del grupo, y esta fue atribuida a la mujer,

Este momento, que, en principio, era favorable para la mujer, termina haciendo que exista esa separación de sexos y empiecen a dividirse las tareas según este: los hombres se dedicarían a cazar y las mujeres a tener hijos y realizar otras labores como la agricultura y la artesanía, ya que se consideraban tareas que podían realizarse a la vez que las tareas que les correspondían por ser madres.

Pero esta situación, lejos de ser negativa para las mujeres, las colocó en un lugar de poder y prestigio, ya que con ellas la economía del grupo crecía y les aseguraba la supervivencia, eso sí, uniendo sus facetas de agricultoras y artesanas a las de madre. Esta fue la conocida época del matriarcado.

Con la importancia de la agricultura, creció la importancia de la maternidad, ya que tener hijos aseguraba trabajadores para los cultivos. Y ahí empezó nuestro problema.

Es en este momento cuando surge la analogía de la mujer con la tierra, como proveedoras de vida y fuentes de riqueza y se empieza a venerar la maternidad, cosa que no ocurría en el periodo anterior cuando éramos cazadoras y la maternidad era irrelevante (incluso puede, en mi opinión, que fuera un lastre ya que, si había que estar todo el día huyendo de un lado para otro y cazando, los niños y bebés serían vistos como un "problema")

En esta sociedad matriarcal, polígama, eran las mujeres las únicas capaces de saber qué niño era de quién y así indicar las relaciones de herencia, fíjate el gran valor que tenía ser madre.

Así que, amiga mía, aquí tenemos el origen de la importancia de la maternidad.

Hasta este momento las mujeres madres eran muy reconocidas pero, llegó el pastoreo y se les acabó el reconocimiento porque sus tareas pasan a ser cuidar y domesticar el rebaño que poseía la tribu, mientras que la tarea del hombre consistía en la captura de animales para que estos fueran parte de su posesión, es decir, la mujer madre pasa a ser subordinada, pues el hombre pasa a ocupar el lugar principal dentro de la tribu, considerándose lo que ella realiza como un trabajo secundario por ser menos productivo. Ya empiezan las diferencias laborales.

Las mujeres solteras sí podían acompañar a los hombres en sus tareas, de manera que es la condición de maternidad la que define que la mujer pase a realizar una labor secundaria. Parece que, en este momento, el no tener hijos, nos igualaba más a los hombres y a su importancia dentro del grupo. Pero esto no dura mucho.

Cuando nuevos oficios como la artesanía y la propiedad privada cobran importancia y la agricultura se queda en un lugar de menor relevancia, la mujer, pierde el papel que tenía como principal productora, pasando a ser su papel fundamental el de procreadora.

Y así, querida mía, llegamos a la Edad Media, momento en el que la valía de la mujer estaba ligada a si era o no era madre (todas hemos visto cómo se las gastaban en pelis de esta época). De hecho, la esterilidad era considerada punto de deshonra y motivo por el que un hombre se podía divorciar.

Con este panorama, puedes comprender que la decisión de no ser madre no estaba ni en la ecuación. La mujer no tenía valor como ser humano hasta que esta lograba ser madre, de modo que las mujeres incluso se preparaban para dicha condición y también le otorgaban una gran importancia porque ¿quién quiere ser rechazada?

En el Renacimiento, aunque el papel principal de la mujer seguía siendo ser madre, se produjo un pequeño cambio en cuanto al respeto hacia la mujer, teniendo en cuenta el contexto de la época, claro: cuando la mujer estaba embarazada se consideraba que ella se debía cuidar para proteger con esto a su hijo, sin embargo se considera que esa tarea no era únicamente responsabilidad de la madre, sino también del padre o esposo, el cual se debía mostrar atento ante las necesidades y cuidados de su compañera e hijo, y debía evitarle preocupaciones y trabajos a la futura madre. Es decir, el hombre se involucra en el cuidado y educación de los hijos, que hasta entonces había sido una tarea exclusivamente femenina. Claro, esto a nivel de la época, vete a saber qué significaba "involucrarse" y, es cierto que detrás había puro interés en que ese descendiente naciera, pero para lo que las mujeres venían viviendo, el ser cuidadas, aunque solo fueran 9 meses debió sentirse como un cambio agradable.

Ni que decir tiene que la Iglesia condenaba aquellas mujeres que realizaran practicas eróticas que fueran enfocadas al placer y no a la procreación, siendo esta última la que le daba valor al sexo femenino.

A finales del siglo XIX y a inicios del siglo XX, se empezó a aceptar socialmente que las mujeres comenzaran a trabajar fuera del hogar, eso sí, cuando fuera necesario, como en el caso de familias pobres, donde las mujeres se encargaron de mantener económicamente a sus familias, pero esto no significaba que la maternidad y sus obligaciones fueran menos importantes, sino que las mujeres tuvieran que hacer jornadas de 10 y 12 horas, aguantar abusos de los patrones y cobrar menos (en esto último no parece que hayamos cambiado mucho, ¿verdad?) y que luego tuvieran que hacerse cargo de las tareas domésticas y de los niños (en esto creo que tampoco)

Para más inri había científicos en esta época que establecían el trabajo femenino como un desencadenante de abortos y partos prematuros, así que te puedes imaginar el rechazo existente hacia el trabajo realizado por las mujeres fuera de sus hogares, ya que este rechazo estaba avalado por la ciencia de la época.

Entonces, se empezó a ver la necesidad de dar la protección necesaria a la mujer en su trabajo para que la maternidad no se viera afectada de ninguna manera, ya que se quedaban sin mano de obra. Así que se comenzó a dar una cierta apertura a que las mujeres trabajaran fuera, siempre que existiera una normativa laboral que protegiera a las mujeres como madres; lo cual fue un indicio para que en la actualidad las mujeres cuenten con leyes que las respalden en su trabajo y permitan también la protección de estas y de sus hijos. Vamos que hoy podemos trabajar porque alguien decidió hacer unas leyes para asegurarse que las mujeres (que recordemos no eran valiosas si no eran madres) fueran mano de obra y cumplieran con su papel fundamental: parir.

Si te das cuenta, toda nuestra historia gira en torno a la importancia que se da a la maternidad, es decir, a ese binomio mujer=madre, y no a la mujer como un ser humano valioso por sí mismo.

Afortunadamente entre los años 1960 y 1970 del siglo pasado surge el movimiento feminista que tenía como objetivo principal la igualdad y la independencia de la mujer. Este movimiento se pregunta a qué es debida esta desigualdad y esa falta de independencia y llegan a la conclusión de que la causa de no poseer la mujer esas condiciones de autonomía e igualdad eran debidas al rol de madres que cumplían. Debido a la crianza de los hijos tenían dificultades para acceder a trabajos y cuando lo hacían se les colocaba en una posición inferior, así que vieron necesario modificar el rol de madre que se presentaba desde siempre, para cambiar la condición de la mujer.

Es así como, el feminismo buscaba romper con las definiciones tradicionales de lo que era ser mujer, definiciones que conllevaban una asociación automática de esta con la maternidad.

Para alcanzar esa igualdad y autonomía era necesario empoderar a la mujer (¿te suena?, parece que seguimos en las mismas), para que ejercitasen su posibilidad de tomar decisiones y decidir sobre su futuro y sus acciones, entre ellas la de ser madre, aspecto que años atrás ni siquiera era considerada algo que se pudiera elegir. Y esta libertad para tomar esa decisión sobre algo que nunca había sido cuestionado, sino que era sinónimo de ser mujer, se convirtió en una de las principales luchas de este movimiento que comenzaba.

Está claro que hemos avanzado en muchos ámbitos, pero en lo que se refiere a ese binomio mujer=madre, no tanto como nos gustaría. Aún se sigue idealizando la maternidad, preguntando a una mujer si es madre sin ningún tipo de pudor, cuando lo va a ser y por qué no lo es. Aún se siguen fomentando políticas para que las mujeres procreemos, se dan incentivos a las mujeres para tener hijos y se consienten prácticas discriminatorias entre madres y no madres en muchos trabajos.

¿Por qué? me pregunto. La única conclusión a la que llego es que como sociedad hemos ido creando ciertos esquemas, maneras de vivir, roles, que supuestamente nos darán la felicidad o nos harán más fácil la vida y estos, aún son muy fuertes. Y si alguien se sale de esos esquemas se le estigmatiza.

¿Por qué no somos capaces de aceptar que una mujer decida no ser madre? En mi opinión, y no soy ni socióloga ni experta en comportamiento humano, creo que se debe a que, sobre todo en los llamados países desarrollados, se teme que el bajo índice de natalidad afecte al estado de bienestar, ya sabes pensiones y demás, y en lugar de ver otras maneras de solucionar estos posibles problemas, se pone el foco en convencernos para traer más personas a este mundo, recayendo así sobre nuestro útero todo el peso de las futuras pensiones.

Este miedo me parece absurdo porque por un lado siempre habrá mujeres que libremente decidan tener hijos y por otro lado porque estamos en un mundo superpoblado, así que el problema no es la falta de personas, sino otros.

Y así, mientras los gobiernos tratan de incentivar la maternidad con políticas de ayuda y conciliación, las mujeres que no tenemos hijos seguimos siendo una minoría difícil de entender.

La parte histórica de este capítulo está basado en un artículo titulado "La maternidad como un constructo social determinante en el rol de la feminidad" de Maria Fernanda Cubero.

SITUACIÓN EN DISTINTAS PARTES DEL MUNDO

Aunque las cosas, afortunadamente, han cambiado mucho y ya en gran parte del mundo nadie nos obliga a ser madres, aún existen países en los que las mujeres sí son forzadas a serlo y me parecía importante mencionarlo.

Países con sociedades machistas y arcaicas, casi todos con regímenes totalitarios, que siguen viendo a las mujeres solo como úteros con piernas. En algunos se llega incluso a forzar a las mujeres a ser madres para obligarlas a cambiar su orientación sexual.

Sí amiga mía, en países como Guinea Ecuatorial se viola a mujeres lesbianas y bisexuales para que se queden embarazadas, como relata la autora Trifonia Melibea Obono en su libro "Yo no quería ser madre". En este país, las mujeres, en palabras de la autora, son forzadas ya que "el medicamento para curar su orientación sexual es el embarazo, y hay que repetir la dosis hasta la sanación".

Y se les fuerza desde su propio grupo de pertenencia: la familia.

¿No te parece aterrador y de locos que esto se esté dando en este momento en esa parte del mundo?

Esto que te cuento que está sucediendo en algunos lugares del mundo hoy mismo mientras lees es horrible. Y quizás, como yo, te sientas aliviada de que en tu país no sea así. Pero el hecho de que no nos obliguen, no significa que en todos los sitios se vea como normal.

Se nos llena la boca de palabras como solidaridad, modernidad, respeto, etc., pero la realidad, el día a día no es así ni en todos los países del mundo. Aún se cuestiona la decisión de una mujer de no ser madre.

Como a mí, seguro que te han preguntado, o incluso interrogado sobre si tenías hijos o no, y por qué motivo no, y te hayan cuestionado y ofrecido una opinión que no habías pedido. ¿Es eso respeto? Para mi no. Yo no voy preguntando a los padres o madres por qué tienen hijos, y, puestos a jugar al mismo juego, y defendiendo la misma supuesta libertad de expresión bajo la que se acogen para lanzarte sus preguntas, podría hacerlo, ¿no te parece?

Por supuesto, hemos avanzado mucho, muchísimo. Al menos en occidente ninguna mujer es obligada a ser madre, pero como te decía, sí interrogada, y a veces criticada. Incluso existe como una especie de pacto velado, una especie de norma social que empuja a ciertas personas a creerse con el derecho a hacerlo, muchas veces, desde el propio círculo cercano, pero también, desde círculos puramente laborales o de conocidos.

Con este panorama, muchas mujeres que no tienen nada claro si quieren ser madres o no, se ven abocadas a serlo porque "es lo que toca", o "lo normal" Y eso es una pena, en mi opinión, primero obviamente para la mujer y segundo para la pobre criatura que más que por amor o deseo viene a este mundo por presión social.

En los últimos años, según un informe del Instituto Nacional de Estadística de España (INE) los nacimientos han bajado un 29% en la última década y, a pesar de que hay muchos motivos, más allá de los puramente económicos que los medios de comunicación y los políticos se encargan de subrayar, hay muchos otros, que ya veremos. Así que es un tema que ha venido para quedarse.

Supongo que siempre seremos minoría, y realmente me da igual. No tengo una especie de lucha en contra de quienes deciden ser madres, para nada, de hecho, gracias a esto tengo unos sobrinos preciosos a los que adoro. Lo único que he querido siempre es que se nos respete y se vea como una decisión más, sin cuestionamientos ni preguntas, punto.

LA NO MATERNIDAD EN LOS MEDIOS

A estas alturas de la película, me sorprende muchísimo que, en las raras ocasiones en las que se habla de las mujeres sin hijos, se haga con tanto cliché, tantos estereotipos y tanta falta de realidad sobre cómo somos y vivimos.

Desde que empecé un blog en 2018 hasta hoy que escribo este libro, esto no ha cambiado demasiado, porque, aunque es cierto que se trata de dar una visión inclusiva y moderna de la mujer y los distintos tipos de familia, en la realidad, esa visión aún no ha calado en toda la sociedad. Llego a esta conclusión, no sólo por las preguntas y opiniones que yo misma he recibido, sino por los comentarios que sigo recibiendo a través de Instagram sobre situaciones que han vivido y viven otras mujeres sin hijos.

Lo que sí ha cambiado es el número de artículos y de cuentas de Instagram y webs creados por y para mujeres que no somos madres. Cuando empecé escribía "mujeres sin hijos" en el buscador de internet, y aparecían de todo menos artículos centrados en nosotras, salvo anglicismos que venían desde Estados Unidos y que aquí simplemente copiábamos. Y luego abrías esos artículos y veías que uno tras otro era más de lo mismo, e incluso en ocasiones, se calcaban frases e incluso párrafos.

Hoy, cinco años después de comenzar con ese primer blog, hay más testimonios reales gracias a la proliferación de webs y cuentas de Instagram creados por mujeres sin hijos, (casi siempre por circunstancias, eso también hay que decirlo) pero por desgracia, con poca repercusión y, la información que llega sigue viniendo de publicaciones con mucho alcance de medios de comunicación, en muchos casos revistas femeninas, con artículos plagados de términos como NoMo, Pank, Childfree, Childless que, muchas veces con su mejor intención, no dejan de subrayar lo mismo de siempre.

No me malinterpretes, me encanta que haya mucha más gente, periodistas incluso hablando de ello, sobre todo ahora he notado que se habla más en América Latina, pero no dejan de ser informaciones repetidas mil veces que no aportan nada nuevo. Y está bien que se hable mucho de algo para que se conozca, pero por favor, pasemos ya al siguiente nivel. Es como si se hablara de las mujeres que son madres y se diera vueltas y más vueltas a lo mismo, cuando ya lo sabemos, sin pasar nunca a tratar temas que les importan, les incomodan, les gusta...pues igual con nosotras.

Por supuesto como mujeres tenemos muchos temas en común, pero hay algunos que son específicos nuestros, como de la maternidad puede serlo la recuperación tras el parto, por poner un ejemplo.

En el caso de las mujeres que no somos madres, hay otros asuntos que pueden preocupar a alguna mujer sin hijos y sobre estos trata gran parte del libro.

Antes de continuar con lo que se dice de nosotras, me gustaría explicarte algunos de los términos que suelen usarse para darnos un nombre. Supongo que, a estas alturas, ya los tendrás claros, pero por si es la primera vez que lees algo relacionado con la no maternidad, te voy a explicar los términos básicos con los que se nos definen tanto a nosotras como a nuestras parejas. ¡Vamos allá!

- Las NoMo (No Mother, no madres en español) somos todas las mujeres que no tenemos hijos, bien porque así lo hemos decidido, bien porque hemos querido y no hemos podido. Es un término que nos engloba a todas.

- Childfree (Libre de niños en español) traducción que, aunque es literal, lleva a muchas interpretaciones negativas y puede generar bastante controversia, porque el "free" es tomado por algunas personas como algo peyorativo, así que te pido que te quedes sólo con lo siguiente: esta palabra define a las mujeres o parejas que no tenemos hijos por decisión propia, ya está.

- Childless. (Sin hijos) Este término se utiliza para definir a las mujeres o parejas, que no tienen hijos porque no han podido tenerlos, a pesar de haber querido y haberlo intentado,

- PANK. Las PANK (Professional Aunt No Kids o tías profesionales sin hijos) somos todas las mujeres que no tenemos hijos, pero sí sobrinos o niños muy cercanos, quizás hijos de amigas, a los que tratamos y queremos como si fueran sobrinos.

- DINKS (Double Income No Kids) o parejas con dos sueldos sin hijos. Es decir, tú y tu pareja si ambos trabajáis.

- SINK (Single Income, No Kids) son las solteras o solteros que trabajan y no tienen hijos

- GINK (Green Inclination No Kids) o personas que no quieren tener hijos por razones medioambientales.

- Antinatalistas: es un término que ha empezado a tomar mucha fuerza en los últimos años. Las antinatalistas son mujeres (u hombres) en contra de la reproducción y el nacimiento de nuevos seres humanos. Los motivos pueden ser filosóficos, de carácter ético y moral, políticos, demográficos... Es decir, mujeres (y hombres) que creen que el mundo no necesita más personas.

- Madrastras. He decidido incluir este término aquí porque, aunque puedes ser madrastra y a la vez ser madre de tus propios hijos, también puedes no ser madre y tener que ejercer casi como tal con los hijos de tu pareja. Tuve una conversación con una mujer que se encuentra en estas circunstancias para hacer un artículo para mi antiguo blog y, me sorprendió muchísimo la gran acogida que tuvo. Fue el artículo con más comentarios del blog, lo que me hizo pensar en lo solas y necesitadas de comprensión y respeto que están estas mujeres.

IDEAS QUE CIRCULAN SOBRE LAS MUJERES SIN HIJOS

En la mayoría de los artículos que he leído, se habla de las famosas y entonces, el retrato que se ofrece es el de mujeres exitosas, que tienen mucho dinero y que lo gastan en comprar y en viajar. Para empezar, habría que definir muy bien qué significa "éxito", pero nos iríamos del tema y esto empezaría a parecerse al Quijote (por tamaño, ¿eh? que no quiero compararme con ese genio de la literatura). Por eso me parece tan importante compartir también el relato de mujeres que no somos famosas, que tenemos trabajos menos glamurosos, quizás, pero igualmente maravillosos o no, y he incluido algunas historias reales de mujeres como tú y como yo en este libro que podrás leer más adelante.

Ese retrato de mujer sin hijos, como mujer que gasta dinero en lo que le da la gana, aunque puede ser cierto en muchos casos, y no veo el problema, lo cierto es que contribuye a dar una visión poco real de la no maternidad porque, como ocurre con las generalizaciones, no incluye a todas y relaciona no ser madre con tener dinero, como si ese fuera el factor determinante y que nos define a todas como grupo.

No todas somos iguales, aunque es cierto que obviamente, si no tenemos niños ese dinero que no gastamos en ellos, lo podemos gastar en nosotras, no significa que estemos todo el día de compras y dándonos masajes (cosa, lo segundo, que me encantaría) La cantidad, ya depende de cada una, porque repito, no todas somos altas ejecutivas ni actrices de Hollywood.

Pero, sobre todo, el problema de esta definición, aparte del desconocimiento que demuestra creer que la mayoría de las mujeres sin hijos estamos con la tarjeta en la mano todo el día, es que, si lees los comentarios a esas publicaciones, alucinas con las opiniones. En muchas aparece el término "egoísta" como una de nuestras "cualidades". Y está claro que eso son opiniones de personas bastante cerradas de mollera, como diría mi abuela, que aún tienen muchas creencias sobre lo que significa ser mujer, pero también creo, que la falta de realidad de estas publicaciones facilita esas opiniones.

La verdad es que no sé por qué esa falta de interés en informarse bien sobre nuestra realidad, cuando la información y la documentación deberían ser el punto de partida de todo periodista, ¿no? Quizás solo se trate de que aún nos estamos acostumbrando a estos cambios sociales, estos cambios de rol, y lleve su tiempo, eso espero, al menos.

Te voy a contar algo que tiene que ver con esto. En diciembre de 2022 me llamó una periodista del periódico El País. Por si no vives en España, te diré que es uno de los diarios españoles de mayor tirada. Me explicó que estaba preparando un artículo sobre las nuevas familias y que le gustaría entrevistarnos a mí y a mi marido. Yo acepté encantada, contenta por poder ofrecer nuestro granito de arena para que se normalice esta elección de vida. La entrevista duró 15 minutos y hablamos de muchos temas. Pues bien, cuál fue mi sorpresa al leer el artículo y ver que se habían escogido frases que contribuían a perpetuar el estereotipo ya existente, en lugar de muchas otras cosas que habíamos comentado. Para que te hagas una idea, el titular de nuestra entrevista es "Nadie nos espera en casa. Vamos libres", ¿en serio? De todos los motivos por los que habíamos decidido no ser padres, de todas las ventajas que, para nosotros, tiene esta elección, ¿la periodista decidió que esto era lo más importante? La verdad es que me decepcionó un poco y preferí pensar que, o bien esta mujer, que por las preguntas y los comentarios que me hizo, vi que no estaba muy familiarizada con el tema, a pesar de su juventud, filtró la información a través de sus propias creencias y estereotipos, o bien, por mandato editorial, decidió dar un enfoque más impactante o sensacionalista. En realidad, tal como yo lo veo, lo que consiguió es perpetuar esa visión de la que te llevo hablando todo este capítulo.

Aparte del motivo por el que ciertos medios decidan contar nuestras historias, lo que tengo claro es que tampoco ayuda el hecho de que, ya que nos empeñamos en copiar anglicismos, no nos ciñamos a su traducción y nos empeñemos en añadir definiciones extras o grandes titulares que son el fruto de una opinión o juicio y que, en lugar de aportar, crean confusión y dan pie a más creencias, juicios y desconocimiento.

Por ejemplo, la traducción literal de Pank (Professional Aunt no kids): tías profesionales sin hijos, no tiene nada que ver con las definiciones que se suelen asociar a este término, tales como "mujeres con buenos sueldos que no tienen hijos pero sí sobrinos, y por eso hacen partícipes a los niños de sus hermanos de su estupendo nivel de vida", (extraída de una revista femenina) o esta desafortunada frase, en mi opinión, de un artículo que apareció en un conocido periódico, en el que habla de las "NoMo" diciendo: "Cuando una mujer rellena un diario contando sus inquietudes, su día a día, sus planes de futuro y pinta un bebé al que después tacha, está claro que esa mujer no quiere ser madre. Esa mujer es una "NoMo"", ¿en serio? Entiendo que la autora, (sí, es una mujer), ha tratado de describirnos usando un lenguaje digamos "poético", pero estas florituras no siempre sirven para describir la realidad y en mi opinión, no es una opción muy acertada para dar a conocer objetivamente un grupo social. En este caso me parece que frivoliza la decisión de no tener un hijo que, para algunas es algo rápido y claro y para otras no tanto o incluso, ni siquiera es una decisión, sino una circunstancia que les ocurre.

Pero no quiero dar la impresión de que todas las publicaciones tengan como objetivo claro el dar una mala imagen de nosotras, de hecho en muchas se trata de presentar la información de una manera lo más objetiva posible, pero claro, a veces la línea entre la opinión de quien escribe y la objetividad es muy delgada amiga mía, y vemos cómo, hasta en publicaciones de mujeres para mujeres, se cuelan opiniones generalistas como: " es cierto que los hijos son una alegría inmensa, pero debemos respetar a aquellas mujeres que no quieran tenerlos y deseen continuar con su carrera profesional para conseguir aquellos ascensos que tanto tiempo llevan buscando". Estoy de acuerdo que muchas mujeres eligen su profesión por delante de la maternidad, pero de nuevo es una información sesgada y demasiado tajante, que excluye cualquier otro tipo de motivo y da una imagen parcial de la realidad, ¿no crees? Decir esto es como decir que las mujeres que eligen ser madres no desean seguir con su carrera profesional, y eso, todas sabemos que no es cierto, aunque muchas veces esta elección implique precisamente ese resultado.

Quizás trato de hilar muy fino y ser muy puntillosa con lo que se dice, pero es que creo firmemente que lo que decimos tiene un impacto en crear realidades, opiniones y creencias. Como dice Mario Alonso Puig, "las palabras son creadoras".

Pienso que, si queremos que se nos vea de otra manera, y que se nos deje de juzgar, quién escriba sobre nosotras y nuestra realidad, necesitaría en primer lugar informarse bien, tomándose la molestia de charlar con mujeres reales.

Uno de los principales motivos por los que la información sobre las mujeres sin hijos está llena de tantos clichés, a parte de la comentada anteriormente, es que se usan ejemplos de mujeres famosas cuyas vidas nada tienen que ver con la mayoría fuesen o no madres.

Creo que se debe prestar mucha atención a lo que se escribe para ser lo más objetivos posible y, si van a dar su opinión, porque están en su derecho, dejar bien claro que eso es lo que es, y no una información verídica basada en la realidad. Porque la realidad no es una, la realidad es la de cada una. Cada una somos diferente, tenemos experiencias diferentes y psiquis diferentes y por eso mismo tomamos nuestras decisiones por motivos diferentes. Esto es algo que todas aceptamos, pero cuando estas decisiones tienen que ver con ser o no ser madre, parece que los motivos sean menos aceptables y que algunas personas se permitan cuestionarlos. Quizás una buena manera de que esto deje de ocurrir es dar voz a algunos de esos motivos, darlos a conocer. Y eso es lo que voy a hacer en el próximo capítulo.

MOTIVOS POR LO QUE UNA MUJER DECIDE NO SER MADRE

Existen muchos motivos y muy diferentes por los que una mujer decide no ser madre, tantos como mujeres. Incluso cuando una mujer no lo ha decidido, sino que la vida o su cuerpo ha decidido por ella, también existen diversas razones para dejar de intentarlo.

No trato de que esto sea una lista exhaustiva, sino simplemente un reflejo de las razones más frecuentes por las que decidimos no ser madres. Y no me las he inventado, son razones reales de mujeres reales, porque, sinceramente, estaba cansada de leer las supuestas razones que se explican en algunos medios porque no dejan de ser, de nuevo, estereotipos con poca base. Por ejemplo, se repite una y otra vez que las parejas deciden no tener hijos por temas económicos. Y no digo que no sea el motivo de algunas parejas, pero echar la culpa a la crisis económica me parece, de nuevo, una información parcial y generalista, a la vez que poco realista porque, sinceramente creo que quien quiere de verdad tener hijos, los tiene, sino que se lo digan a nuestros padres o abuelos o a las parejas que se hipotecan hasta las cejas en busca de un bebé.

Puede que estés pensando que en la época de nuestros padres o abuelos no era lo mismo porque había muchísima presión y pocos métodos anticonceptivos, bueno, te compro lo de que había pocos métodos en la época de nuestros abuelos y quizás muchísima presión, pero ¿acaso no hay presión ahora? No me convence la razón, es como dar por hecho que si en España tuviéramos un nivel de vida altísimo todas estaríamos locas por ser madres. ¿Influye la economía para que las parejas que desean tener hijos no los tengan o tengan solo uno?, por supuesto, ¿es determinante para que una pareja desee tener descendencia? no lo creo. Solo hay que mirar a nuestro alrededor. Parejas con situaciones precarias teniendo hijos, y otras con situaciones holgadas, decidiendo no hacerlo.

Lo que sí me gustaría con esta enumeración de los motivos por los que no somos madres, además de aportar claridad y realidad, es que, si tú eres una mujer que aún no te has decidido del todo, o que está sufriendo porque no quieres, pero te sientes muy presionada, veas que hay muchos motivos y que sea cual sea el tuyo está bien.

Empezamos.

- Una de las causas para no querer ser madre es no querer asumir esa responsabilidad, porque no olvidemos que es una gran responsabilidad traer a un ser humano a este planeta. Una persona que, como mínimo hasta los 18 años necesita de cuidados y atención constante y de la que te tienes que hacer cargo en todos los sentidos, incluyendo lidiar con las consecuencias de sus actos, sean los que sean.

- Querer concentrarte y dedicarte por completo a desarrollarte profesionalmente. Muchas mujeres aún se creen la utopía de que puedes con todo, de que puedes tener una carrera / trabajo/ocupación exitosa y criar a un niño con toda la atención del mundo, pero eso no es cierto, quizás en un futuro lo sea, pero hoy no. He visto como amigas han tenido que renunciar a sus carreras, por el simple hecho de renunciar a trabajar 8 horas ya que, si no, no veían a sus hijos, y algunas lo hicieron porque quisieron y otras no tanto. Nunca he visto a un hombre ni plantearse esto. Y la realidad es que, si quieres atender y ver crecer a un hijo, no puedes estar 8 o más horas trabajando, así que siempre tendrás que renunciar a algo. Sería muy bonito pensar que esto va a cambiar, pero yo no lo tengo tan claro ya que, en el caso de las empresas no creo que les compense ascender a alguien que no puede dedicarle ni 8 horas a su trabajo, y esto no es ni bueno ni malo, simplemente es la cultura empresarial que hay en este país, y me atrevería a decir en todo el mundo. Mucho tendría que cambiar el mundo y, sinceramente, lo veo poco factible a medio plazo. Entonces, si realmente, con las cartas que nos han tocado, una mujer sabe que, si tiene un hijo, terminó su carrera, ¿por qué no puede decidir no tenerlo?, ¿qué tiene de malo?, ¿por qué si un hombre tiene grandes aspiraciones profesionales es que es un gran profesional y si es una mujer la que las tiene es que es una mujer fría y egoísta? ¿Por qué la ambición tiene tan mala prensa en las mujeres y tan buena, entre los hombres? No hace falta que te explique el por qué, ¿verdad? Volveríamos a lo de siempre: cultura patriarcal y creencias.

- No tener el supuesto "instinto maternal" que se nos presupone a todas las mujeres. Más adelante te hablaré de esto, y comprenderás por qué digo "supuesto", pero, en cualquier caso, si existiera, ¿por qué deberíamos tenerlo todas?

- Que no te gusten los niños. Este motivo, tiene muy mala prensa. Al igual que está muy mal visto que una mujer diga que se arrepiente de ser madre, aunque las hay, y Ornah Donath ya habló de ello en su libro "Madres arrepentidas"; decir que no quieres ser madre porque no te gustan los niños es casi un sacrilegio, por el que inmediatamente estas mujeres son tachadas de malas personas o brujas. Vamos a ver, ¿cuál es el problema? No están diciendo que les desean ningún mal y mucho menos que les quieran hacer algún daño, por favor, simplemente no les gustan. A mí, no me apasionan los niños. Veo algún niño y me gusta, me cae bien, pero veo a otros y no los soporto, y tengo sobrinas a las que adoro, ¿por qué me tendrían que gustar todos los niños? No me gustan todos los adultos, ni a mí, ni a nadie, seamos sinceras, y eso está bien, lo vemos lógico y normal. Vemos normal que no nos caigan bien todos los seres humanos, pero cuidado si es un niño debemos amarlos a todos, ¿por qué somos tan hipócritas?

- Que no quieras renunciar a tu bienestar. Ser madre puede significar una reducción significativa de tu nivel de bienestar. Estrés, demasiadas preocupaciones por el futuro, cargas laborales más pesadas. No tiene que ser así en todos los casos, habrá mujeres que sean muy felices de ser madres, pero, desde el momento que existen madres arrepentidas, la felicidad por serlo no está garantizada.

- Que no quieras contribuir al deterioro del planeta. Esto cada vez es un motivo más fuerte, sobre todo entre las nuevas generaciones. Las parejas y las mujeres más jóvenes cada vez se preocupan más por el cuidado de la tierra y las consecuencias de lo que hacen y consumen para el resto de la humanidad. Por eso, en una era en la que vemos cada vez más noticias sobre contaminación, sobrepoblación, calentamiento global y huella de carbono, muchos se preguntan si tener hijos puede ser una manera de perpetuar los problemas que enfrenta nuestro planeta. Y lo entiendo perfectamente. La autora Lisa Hymas escribió en la revista Time: "Escoger no tener hijos es uno de los mayores pasos que los estadounidenses pueden dar para limitar el tamaño de su huella ambiental". Y creo que esto es aplicable a cualquier país del mundo.

- Que no quieras renunciar a cierto estilo de vida. Existe un estudio realizado en Estados Unidos, que llegó a la conclusión de que las personas entre los 18 y 34 años, es decir, la llamada generación millennial no esperan quedarse más de 2 años en un empleo, porque es una generación interesada en viajar, tener nuevas experiencias y conocer el mundo. Pero, más allá de estudios, lo que está claro es que a muchas mujeres y a muchas parejas nos gusta viajar, salir a comer o a cenar cualquier día que nos apetezca, ir al teatro, al cine, a exposiciones, hacer lo que nos gusta sin horarios fijos y sin tener que contar con una persona que, de bebé tiene horarios estrictos y según crece, tiene opiniones que no tienen por qué coincidir con la tuya.

- Que no quieras renunciar a gastarte el dinero en lo que te gusta o apetece. Está claro que si tienes un hijo esa personita requiere cosas materiales y eso implica gastos, y no sabes durante cuánto tiempo, ya que la probabilidad de que se vayan de casa a los 18 es solo eso, una probabilidad. Así que, sí o sí, tendrás que compartir tu dinero, o el vuestro si vives en pareja, con un tercero. Está claro que tendrías que renunciar a cosas porque el dinero da para lo que da y muchas mujeres no están dispuestas a ello y está bien, ¿no crees?

- Que no quieras emplear tu tiempo en otra persona. Esta es también bastante criticada. Se suele tachar a quién dice esto de egoísta, pero ¿por qué? Creo que es más egoísta traer niños a este mundo con la idea de que te cuiden cuando seas viejecita o con la idea de que los abuelos te echarán una mano. El tiempo es algo que no vuelve. Tenemos 24 horas al día para usarlas como queramos, y entre trabajo y dormir, es totalmente lícito querer disfrutar de las 8 o 6 que te queden, o las que sea, en ti y en quién tú quieras.

- Miedo. El miedo es un potente motivador, también para no tener hijos. La experiencia de la maternidad, tanto el parto como la crianza, puede ser atemorizante, dolorosa y preocupante. Hay mujeres que prefieren no pasar por ello, ¿cuál es el problema? No todas somos valientes. Sinceramente, si yo me hubiera planteado ser madre, habría tenido que lidiar con el miedo, pues soy bastante cobarde para temas médicos, y la simple idea de que una cabeza tenga que salir por un sitio tan pequeño, me produce terror y, si hubiera tenido el deseo de ser madre, me lo tendría que haber tratado, de eso estoy segura. Y no, a las que tenemos miedo no nos sirve que nos digan que sí lo han hecho otras, tú también puedes. El miedo es libre, y punto. Así que, si es uno de tus motivos, lo entiendo perfectamente y es perfectamente lícito.

- No quieres ver los cambios en tu cuerpo. Recuerdo una vez que escuché a una mujer decirnos esto a una vecina (que es su suegra) y a mí. Mi vecina, se sintió un poco escandalizada e incluso le replicó, no recuerdo muy bien qué, pero era del estilo "mujer eso no es un motivo, el cuerpo está preparado para eso" pero a mí, me pareció una razón muy honesta. Ser madre es una etapa de transformación mental, pero también física y hay mujeres que no están dispuestas a aceptar eso. Y está bien, ¿por qué no? Porque, aquí de nuevo nos venden la moto de "pero mira fulanita (casi siempre una famosa) lo bien que está y tiene cuatro hijos", sí, pero uno, cuerpazos impresionantes hay pocos queridas, y dos, puede que no sea solo genética y que se haya ayudado un poco o un mucho de la cirugía (cosa que me parece respetable). Así que, entiendo que sea una razón. La mujer que te comentaba al principio comentó que a ella, esa famosa frase que se dice de que "una mujer embarazada está guapísima" le parecía la mayor chorrada y mentira del mundo, que podía entender que fuera bonito el hecho de que un cuerpo sea capaz de llevar una vida dentro, o, que su pareja, al mirarla con ojos de amor viese belleza por todos lados, pero, que no veía nada bonito en esas barrigas con los ombligos afuera, ni en las estrías, ni en las piernas y pies hinchados (pies de Hobbit les llamó ella, ante la desaprobación de mi vecina)

- Que te hayas cansado de intentarlo. Me dejo para el final un motivo que es exclusivo de las mujeres que quisieron ser madres y no pudieron. Muchas por deseo auténtico de serlo, otras por presión que no supieron gestionar. Siguiendo su fuerte deseo o a las presiones del entorno, muchas mujeres se someten todos los años a tratamientos muy duros para conseguirlo. Muchas de ellas siguen hasta no poder más, y deciden dejar de intentarlo por razones económicas o de salud. Estas mujeres, quizás tú eres una de ellas y lo sabes bien, tienen que vivir un periodo de duelo para despedirse de eso (la maternidad) que nunca podrá ser y en lo que pusieron tanta ilusión, tiempo y cuerpo. Otras deciden escuchar su cuerpo y reconectar con ese deseo para ver qué hay de suyo en él, y para su sorpresa, se dan cuenta de que realmente lo estaban intentando por razones equivocadas, y deciden parar de intentarlo.

Estas son algunas de las razones para no ser madre que más he escuchado de mujeres como tú y como yo. Quizás tú tengas las tuyas propias y está genial. No permitas que nadie te diga que estás equivocada. Solo tú sabes quién eres, qué quieres y por tanto cómo quieres que sea tu vida.

LOS JUICIOS Y PREGUNTAS INDISCRETAS

Como te comentaba en el capítulo anterior, la razón por las que cada mujer decide no ser madre parece que fuera una cuestión debatible, un asunto sobre el que todo el mundo pudiera tener una opinión, y mucho peor, algo sobre lo que se nos pudiera juzgar abiertamente y tratar de "corregir".

Estos cuestionamientos son algo muy incómodo y molesto. Haciendo un acto de comprensión, podríamos ver esa pregunta de si tienes hijos o, no como un acto reflejo, algo que se dice sin pensar, al igual que cuando vas en el ascensor con alguien y, para romper el hielo, te dice "parece que va a llover" o "vaya días de calor que tenemos". Lo que ya no es tan comprensible, aun poniéndonos en modo "santa Teresa de Jesús", es todo el cuestionamiento posterior cuando dices que no tienes ni vas a tener, al que te someten a veces personas que ni siquiera son de tu círculo cercano, y que no siempre se queda ahí, sino que viene acompañado de juicio y crítica abierta hacia ti y tu decisión.

Cuando tras esa pregunta sobre si tienes hijos, más o menos "inocente", llega el interrogatorio con preguntas cómo "¿qué pasa que no te gustan los niños?", o la crítica y juicio con frases como "se te va a pasar el arroz", o cosas peores como "eres una egoísta", dependiendo de qué humor tengamos y de quién venga ese interrogatorio, una no sabe a veces ni cómo contestar.

Afrontar todas esas preguntas indiscretas, opiniones y juicios por no ser madre puede ser en algunos momentos bastante agotador. A veces me he visto a mí misma simplemente esbozando una sonrisa maléfica sin decir nada para terminar con el tema, otras devolviendo la pregunta y otras tratando de poner en práctica herramientas que había aprendido como coach, para respirar hondo y saber cómo y qué responder.

Ahora, mientras escribo esto, ya pasó el tiempo en el que se supone que tendría que haber sido madre, y las preguntas de ese tipo ya han cesado. pero recuerdo perfectamente lo que a veces me molestaban y pienso en todas las que ahora estáis en vuestra treintena y os encontráis en el momento de mayor presión, unas teniendo claro que no queréis tener hijos y otras sin haberlo decidido aún. Y también, como no, pienso en las que sí que queréis ser madre, lo estáis intentando y no lo conseguís o ya habéis aceptado que no lo seréis. Conozco la molestia, el cabreo a veces de las primeras, y me hago una idea del dolor de las segundas al enfrentaros a estos interrogatorios y juicios.

Muchas veces, después de recibir una crítica nos preguntamos cómo es posible que esa persona haya tenido esa desfachatez, y le damos mil vueltas al tema, como si quisiéramos encontrar la fórmula mágica para terminar con ellas. Pero la cosa no es tan sencilla.

Voy a explicarte algunos conceptos que creo pueden servirte a la hora de gestionar esas situaciones.

Diferencia entre crítica y opinión

Algo que creo que puede servir es reflexionar sobre las diferencias entre crítica y opinión, porque no son lo mismo. Suelen usarse de manera indistinta porque ambas pueden molestar, pero si nos paramos a ver las diferencias creo que puede aportarnos un poco de calma para enfrentarnos a ellas las próximas veces.

Una opinión es una idea. Es algo que alguien piensa o cree sobre cierto tema, no sobre ti. Ahora bien, si alguien usa el "opino que eres (algo negativo)" para mí ya no es una opinión, sino una crítica.

Una opinión no es un juicio a tu persona, sin embargo, una crítica, aunque es una opinión, es negativa y va contra ti.

Criticar es hablar mal de alguien o de algo, o señalar un defecto o una tacha de esa persona. Una crítica engloba una opinión negativa sobre alguien, es decir, cuando critico estoy emitiendo un juicio negativo y con ese juicio hago hincapié en un supuesto defecto de la otra persona basado, obviamente, en mis creencias de lo que debería ser, de lo que está bien, etc.

Además, una crítica es una especie de opinión que incide directamente en el supuesto problema. Aquí ya tenemos algo importante porque, claro "problema" ¿para quién? Yo puedo criticar algo de otra persona porque para mí ese "algo" significa un problema, o una molestia, pero para la otra persona no serlo, así que de base ya es absurdo.

Déjame que te ponga un ejemplo, para que quede más clara la diferencia, tomando como base algo que podrían decirte si comentas que no quieres ser madre:

(Opinión) "Me parece una pena que no tengas hijos porque creo que te estás perdiendo algo".

(Crítica) "No sabes lo que haces no siendo madre, te estás equivocando y te vas a arrepentir"

En el primer ejemplo, la persona te está comentando cómo ve ella el que no tengas hijos, sin hacer ninguna valoración sobre ti, sin embargo, en el segundo está haciendo un juicio negativo sobre ti, ¿ves la diferencia?

Ambos casos nos pueden molestar, por supuesto, sobre todo si no has pedido la opinión de esa persona, pero tener claro que con la opinión no hay un juicio hacia ti puede que te ayude a mitigar su efecto.

Otra cosa es que estés tan harta de recibir comentarios que interpretes que con su opinión la persona está suponiendo algo negativo de ti. En el ejemplo sería si tras esa frase de "me parece una pena que no tengas hijos porque creo que te estás perdiendo algo" tú interpretas que ese "te estás perdiendo algo" es una crítica, pero piensa ¿realmente está diciendo algo malo de ti?, ¿está juzgándote de alguna manera? No, ¿verdad? Recuerda esto la próxima vez que alguien, aunque sea sin pedirlo, opine sobre tu situación.

Una opinión es la idea que una persona tiene sobre algo y, como te decía, suele molestarnos si no la hemos pedido, con lo cual lo que nos molesta no es la opinión en sí, sino el hecho de que la persona se permita esa licencia. Pero una crítica siempre nos afecta, porque es un ataque, más o menos fuerte, y dependiendo de quién la haga, de la dureza de esta, de nuestro momento y de cómo nos sintamos puede pasar de una molestia a un cabreo monumental o incluso a algo que nos duele.

Por otro lado, muchas veces se habla de las críticas constructivas, pero sinceramente, en el caso de las preguntas sobre la maternidad que recibimos las mujeres, me pregunto si es posible que frases como "eres una egoísta si no tienes hijos", "se te va a pasar el arroz", etc. tengan algo de constructivo.

Se dice que una crítica es constructiva si hay una propuesta de mejora, pero en ese tipo de frases, con las que se nos valora tan peyorativamente, ¿qué propuesta de mejora hay? Para mí lo que se suele llamar crítica constructiva, es una opinión sobre nuestra manera de hacer algo que tiene como propósito ayudarnos a mejorarlo, no una valoración sobre tu persona por hacer o no hacer, así que, según lo veo, estas lindezas que se nos dicen jamás pueden ser constructivas.

En el caso de las críticas constructivas, es decir, esas que encierran una propuesta de mejora, escuchar lo que nos dicen puede ser útil porque nos ofrecen un contenido sobre el que al menos reflexionar y luego ver si necesitamos hacer ajustes, pero en el caso de estas críticas, que hacen una valoración sobre ti, es mejor no escuchar porque no hay ninguna propuesta, son un juicio basado en las creencias personales de la otra persona, sin más.

Espero que esta diferencia entre opinión y crítica te ayude a distanciarte un poco de lo que escuchas y así saber cómo enfrentarte a ello.

¿Por qué algunas personas critican con tanta ligereza?

Quizás alguna vez te hayas enredado en darle vueltas a los motivos que llevan a las personas a criticar y por qué.

Hay muchas teorías sobre los distintos tipos de personas que critican y por qué lo hacen, y catalogan a los "criticones" en varios grupos como el que está frustrado, el que lo hace para no pensar en sí mismo, el envidioso… Quizás recordarnos cuando recibimos una crítica que la otra persona puede estar dentro de alguno de esos grupos nos ayude, aunque a veces es pedirnos demasiado buenismo.

O puede que una de las razones sea porque no sabemos estar callados y escuchar al otro… ¿por qué nos cuesta tanto? ¿No te ha pasado estar con personas que te preguntan algo y cuando les vas a contestar, ya te están lanzando otra pregunta o, peor aún, están respondiendo por ti? Y, ¿qué me dices de esas personas con las que, en lugar de una conversación parece que estés en un interrogatorio?

Puede que sea consecuencia de esta sociedad acelerada en la que vivimos, de una mente que no para de parlotear y que en el silencio se siente asustada, aquí entraríamos en un debate profundo que daría para casi otro libro. Está claro que hay personas que necesitan ser escuchadas porque ellas mismas no lo hacen y por eso no pueden parar de hablar.

Por otro lado, también creo que cualquier tema que salga de lo "normal", "habitual" o "socialmente correcto" incita la curiosidad de muchos, y claro, el tema de si somos madres o no, en un mundo en el que la maternidad es aún considerada una consecuencia lógica de ser mujer, se lleva la palma.

A estas personas sería bueno recordarles esta frase de Emily Bingham, una escritora que, harta de tanta pregunta, decidió publicar una especie de comunicado en Facebook dirigido a todos aquellos que preguntan deseando conocer todos los detalles:

"Si una persona quiere hacerte partícipe de algo tan personal como sus planes respecto a tener o no hijos, te lo hará saber. Si solo tienes curiosidad, siéntate y espera a que salga de ella contártelo"

¿Qué te parece? A mí me parece una frase digna de enmarcar.

Pero bueno, como te decía, el tema de por qué las personas preguntan, juzgan y opinan sobre la vida de los demás, es demasiado amplio y aquí lo que nos importa es el cómo enfrentarnos nosotras a esas críticas sin salir tocadas e incluso a veces, hundidas. Pero antes de entrar en esto, déjame que te cuente por qué las críticas y los juicios nos molestan e incluso nos pueden hacer dudar de nuestra decisión.

¿Por qué las críticas nos molestan tanto?

Cuando la crítica viene de alguien que no nos importa mucho, de una conocida o una compañera de trabajo, aunque nos moleste porque es una intromisión en nuestra vida, podemos salir de cualquier manera, incluso con una grosería si así lo creemos conveniente, porque total, no hay un vínculo fuerte creado, pero cuando vienen de personas cercanas, de familiares y amigos, son difíciles de digerir, no por la dureza en sí, sino porque nos pueden sonar a verdades. En ese caso te propongo que veas si son frecuentes porque puede significar que hay un problema de vínculo, en cuyo caso lo mejor sería hablarlo abiertamente.

En el mundo de la psicología, el coaching y la autoayuda es frecuente escuchar que el que nos duela una crítica tiene que ver con nuestra autoestima, es decir, que el dolor que nos provoca es directamente proporcional al grado de estima que nos tengamos a nosotras mismas. También se dice que la que determina el impacto de una crítica eres tú misma creyendo cierto lo que te dicen. Y si, pero con matices que me gustaría aclararte a continuación.

Es muy fácil culpar a nuestra autoestima de todo, o casi todo lo que nos afecta en esta vida, y no voy a decir que no es importante, aunque ya hay muchos estudios que comentan que más importante es la autocompasión y que a veces el intentar tener una autoestima alta puede generar más problemas que beneficios, pero bueno, esto sería un tema largo, y no es el propósito de este libro, Lo que quiero decir es que no todo es blanco o negro y que una crítica nos moleste no siempre implica que nuestra autoestima esté por los suelos. No seamos tan simplistas.

Para empezar ¿por qué nos afecta realmente una crítica? Pues principalmente porque, como seres humanos, estamos diseñadas para encajar. Eso es así desde que el ser humano apareció en la tierra, ¿te imaginas a esos cavernícolas diciendo "no, yo me basto y me sobro" ?, ¡vamos a ver, no habrían durado ni un minuto! Necesitábamos al grupo para sobrevivir y esto, de alguna manera, ha quedado en nuestra mente, en nuestro ADN. Tenemos grabado que para convivir en un grupo es necesario "encajar" y cuando alguien nos critica es como que nos estuvieran diciendo "ey, que tú no encajas aquí por esto y por esto". Así que es natural que a ninguna nos guste ser criticadas.

Es cierto que, si nos afectan enormemente, tanto que nos impiden vivir nuestro día a día con normalidad, ahí puede haber un problema de dependencia, de autoestima, y otras cosas que habría que atender con un profesional. Pero aquí me refiero a un nivel de "me toca las narices" normal.

Aclarado por qué una crítica nos puede molestar y no siempre quiere decir que tengas tu autoestima baja, me gustaría centrarme en la duda que a veces una crítica genera sobre todo si estás en proceso de decisión, o estás tomándote un tiempo entre tratamiento y tratamiento.

Si las críticas te hacen dudar ¿es que no estás segura de tu decisión?

Dudar es humano, y cuando dudas de tu decisión por los comentarios, las críticas o las opiniones que recibes, no siempre quiere decir que no tienes claro lo que quieres.

Antes de llegar a la conclusión de que dudas porque tu decisión no es firme, ten presente que tomar una decisión que va en contra de la inmensa mayoría del mundo, por muy meditada que esté y por muy seguras que estemos de ella, es ir contra lo establecido y vamos a encontrar mucha resistencia y muchas posibilidades de dudar. Repito, esta duda no es siempre un indicador de que tu decisión no sea firme, sino simplemente de que eres humana e ir contracorriente no es fácil, no nos han preparado para ello.

Aclarado esto, me gustaría decir que a veces la duda sí que sea una señal de que no lo tienes claro y, en ese caso, sí que toca ponerse a decidir.

¿Cómo saber si la duda es algo natural o es algo que significa que no tienes realmente claro si quieres ser madre o no? Tener claro lo que queremos pasa por conocernos muy bien porque si no nos conocemos demasiado, podemos creer que tenemos claro algo, pero que esa claridad no sea más que aceptación de lo que hemos vivido siempre como "normal", lo que hemos mamado de nuestra familia y no el resultado de habernos preguntado si esto es cierto para nosotras. En el caso de ser madre, quizás de pequeñas jugábamos con muñecas a que éramos mamás, (yo lo hacía, era lo que veía, era lo "normal") y esto hace que cuando vamos creciendo no nos planteemos si lo seremos o no, simplemente creemos, como me pasó a mí, que eso llegaría un día. En este caso, las primeras opiniones, aunque no sientas ninguna necesidad ni deseo de serlo, te pueden hacer dudar un poco, al fin y al cabo, lo que te dicen te recuerda a eso que era "lo normal", ¿no? Pero si te conoces un poco mejor y te planteas preguntas como si realmente quieres ser madre, si te ves como madre y reflexionas sobre lo que estás preguntas te sugieren, sobre lo que sientes y lo que crees al respecto, puede que te des cuenta de que quizás tienes una mezcla entre lo que sientes sobre la maternidad y las imágenes idealizadas que nos han vendido de ella, que pesan mucho. En este caso, las opiniones ajenas y críticas a tu decisión te recuerdan esas imágenes poniéndolas por delante de tus sentimientos verdaderos, tapándolos.

Es muy importante que, si tienes dudas persistentes sobre tu decisión cada vez que recibes una opinión de alguien, o una crítica, seas totalmente sincera contigo misma y te preguntes si realmente es como te comentaba porque pesan las imágenes idealizadas que has absorbido desde pequeña o si realmente hay algo dentro de ti que te lleva a no estar segura y por lo tanto la crítica te remueve. En este caso, tómala como una guía, una señal de que necesitas hacer una reflexión profunda y honesta. Esto, para algunas mujeres, no es nada fácil, y necesitan acompañarse de alguien que les guíe a través de un proceso de indagación porque si no es muy fácil acabar en el mismo enredo de siempre y no parar de darle vueltas a lo mismo sin llegar a ninguna conclusión. De hecho, a eso me he dedicado yo en los últimos años con muy buenos resultados.

Otras veces, basta con dedicar un tiempo para reflexionar una misma y escucharse con sinceridad y valentía. No nos engañemos, no es cómodo indagar en nuestro interior, pero es la única manera de responsabilizarnos de nosotras mismas para no ir echando la culpa a los de fuera y también para poder hacer los cambios necesarios, en el caso que nos ocupa, para conseguir que no nos afecten estas críticas, y para tomar la decisión acertada para nosotras y eso vale mucho, ¿verdad? De todas formas, repito, si esto te afecta tanto como para hacerte dudar de tu decisión o si estás en ese punto de tomarla y este tipo de críticas te impiden hacerlo, puede que necesites ayuda externa.

Mi recomendación es que, si las críticas te afectan en el momento de recibirlas, pero luego las olvidas o al menos, cuando las recuerdas no te afectan emocionalmente, pues ya está, es normal, natural y humano, que aquí que yo sepa, no estamos iluminadas. Pero si más allá de afectarte en ese momento, te siguen afectando después, sigues dándole vueltas y notas que te alteran, que te siguen doliendo o enfadando, entonces sí que te animo a que revises con sinceridad qué ocurre.

Dicho esto, la buena noticia es que es posible cambiar la manera en la que nos enfrentamos a las críticas y los juicios si tenemos herramientas para hacerlo, y evitar que la ira se apodere de nosotras. Se trata de aprender a gestionarlas y es algo más sencillo de lo que puede parecer, aunque requiere práctica.

Por desgracia, estas opiniones, juicios, comentarios que empezamos a recibir ya a los 30 siguen pasados los 40. Sí amiga mía, si ya estás en ello, lo sabes bien, y si no, ya te aviso: te seguirás enfrentando a preguntas sobre si tienes hijos y luego a comentarios varios sobre tu decisión (o no decisión) algunas más groseras que otras. E incluso más adelante, ya con 50, aunque no te pregunten si los vas a tener, obviamente, sí que te pueden lanzar un "ah" unido a una expresión de pena, cuando dices que no los tienes porque, claro está, si lo "normal" es tenerlos y ya se te ha pasado la edad para tenerlos, es que no has podido, pobre de ti. Y lo peor es que muchas veces este "ah" se lo pueden estar diciendo a una mujer que sí ha querido y, aunque a los 50 es bastante probable que ya lo hayas superado, esa expresión no deja de ser un recordatorio de algo que quisiste y no pudiste cumplir y puedo que aún duela un poco.

Me parece además muy triste y de una incoherencia total, que casi la mayoría de las veces las críticas y las opiniones vengan de mujeres, precisamente cuando hoy en día estamos tan concienciadas de nuestros derechos, hablamos tanto de sororidad y del apoyo entre mujeres. Uno de esos derechos básicos, en mi opinión, es la libertad para ser quienes queramos ser y hacer lo que queramos hacer, y esta pasa por la decisión de ser madre o no. Está muy bien hablar de sororidad, pero eso, señoras mías, hay que llevarlo a la práctica, y no es sororidad interrogar a otras mujeres sobre su decisión o no de ser madres ni mucho menos juzgarlas.

Podría parecer lógico que mujeres mayores que han vivido otra época, fueran las que nos cuestionaran, pero el problema es que también nos lo dicen mujeres jóvenes. En este caso quiero creer que se debe a una repetición de frases que están por ahí, como en el ambiente asociadas a algunos temas y que algunas personas repiten sin pensar. Quizás es que quiero ser optimista, no sé.

En cualquier caso, da igual, el caso es que nos molestan y a veces mucho. Sobre todo, cuando esas opiniones, preguntas indiscretas y juicios vienen de personas ajenas a nuestro círculo más cercano. Siempre es más sencillo responder a esos comentarios a tu madre, tu prima, una amiga o tu cuñada, que a la vecina del quinto con la que has intercambiado tres buenos días y dos holas, ¿o no? O cuando algún jefe o jefa, te pregunta en una reunión si tienes hijos y pretende seguir indagando en los por qué y en si piensas o no tenerlos. No sé a ti, pero a mí me pasó en uno de mis primeros trabajos y la verdad es que me molestó muchísimo porque ni era el momento, si es que hay algún momento, ni la relación era para hacer este tipo de pregunta. ¿Y qué me dices cuando en una entrevista es de lo primero que te preguntan? Siempre molesta, pero encima hay veces que raya lo absurdo, como cuando tienes 23 años recién salida de la universidad y feliz por estar haciendo tu primera entrevista. ¡Estamos locos! ¿o qué? ¿se le pregunta esto alguna vez a un hombre?, ¿con qué finalidad nos lo preguntan?, ¿para no contratarme porque en algún momento tendré que dejar mi silla e irme a parir? … me saca un poco de quicio, la verdad.

Pero bueno, respiremos hondo y seamos todo lo positivas que podamos ser porque esto, amigas mías, no va a parar porque nosotras nos cabreemos más o menos, esto no depende al 100% de nuestras reacciones. Esto depende de la educación, así que, por favor, mamás y papás, si alguno me estáis leyendo desde aquí y en nombre de todas os pido que eduquéis a vuestros hijos e hijas para que sean personas más abiertas de mente, más tolerantes, y menos indiscretas.

LAS FRASES Y COMENTARIOS QUE MÁS HEMOS ESCUCHADO

Como decía en el capítulo anterior, sea cual sea tu edad, como mujer que no has tenido hijos, o al menos de momento, vas a recibir alguna opinión, pregunta o peor, crítica. Quizás dentro de unos años esto ya se vea tan feo e inapropiado como preguntar a alguien por su tendencia sexual, su inclinación política o su religión.

Todas, en mayor o menor medida, hemos escuchado frases de todo tipo, algunas para partirse de risa, otras que enfadan o duelen. Recuerdo que escribí un post en Instagram preguntando por las frases más absurdas, ridículas, dañinas o entrometidas que habían escuchado las mujeres que me seguían allí, con la intención de comprobar si siempre son las mismas, y me sorprendió ver cómo se repiten las mismas una y otra vez, quizás formuladas de distintas maneras, pero la misma base, y, sobre todo, me sorprendió leer a mujeres bastante jóvenes compartiendo barbaridades que tenían que escuchar. Me sorprende que esto no haya cambiado tanto como debería o como queremos creer, ¿qué nos dice como sociedad, o más bien, como mundo? porque en realidad es un tema global.

Todas estas frases están llenas de tópicos y creencias que circulan por ahí, generación tras generación y que muestran que, cuando no hay argumentos reales, cualquier opinión vale.

Como te digo, recibí muchísimas respuestas, pero se repetían una y otra vez las mismas, así que al final quedaron 15 frases con las que escribí un artículo para mi antiguo blog y que hace poco he recuperado para el nuevo. En este mismo capítulo te las comparto.

Verás que las traté de forma bastante irónica, no porque quisiera crear polémica, esa nunca es mi intención porque no es mi estilo, ni tampoco porque no me las tome en serio, sino porque creo que por un lado si podemos tomárnoslas con humor, nos ahorramos mucho desgaste de energía, y además algunas, como ahora verás, son tan absurdas que es imposible no hacer casi un chiste.

Así que, si estás en un momento muy vulnerable con el tema de la crítica, te pido que, por favor, tengas en cuenta el por qué lo he compartido así. Ya puedes ver, por el capítulo anterior, que me tomo muy en serio este tema, y todos los demás, de hecho, he acompañado a mujeres a aprender a gestionarlas, pero ahora, vamos a permitirnos un poco de humor, ¿sí?

Pues aquí van estas perlitas que compartieron algunas seguidoras y mis comentarios, tal cual fueron en ese momento:

- Si no tuviéramos hijos, ¿quién cotizaría para nuestra jubilación? ¡Qué razón tan altruista! ¿verdad? Pensar en tener un hijo para que pague mi jubilación y la tuya me hace sentirme una gran persona. Que el tema de las pensiones va a estar complicado, es algo que todas sabemos, pero traer una persona al mundo para que, cuando sea viejecita no nos falte nuestra pensión, es cuanto menos, egoísta (anda, justo de lo que nos tachan por no tenerlos). En fin, que más vale que quien piense así ponga su mente y su energía en buscar soluciones para su futuro, en lugar de esperar que los demás se lo solucionen.

- Anímate a tener, así nuestros hijos serían amiguitos. Supongo que esto se lo diría una amiga, en cuyo caso, es muy probable que sus hijos se conocieran y pudieran llegar a llevarse bien, de ahí a ser amigos… ¿quién sabe?, ¿por qué deberían ser amigos?, ¿y si se caen mal?, ¿y si no tienen nada en común?, en cualquier caso, no me parece una razón de peso para traer un niño a este mundo querida. Creo que ya hay muchos niños que pueden ser amiguitos de tu hijo.

- Algo habrás hecho para que Dios no te los mande. Esta me parece cruel donde las haya. La leo y me imagino a una mujer (sí, fue una mujer quién se lo dijo) o muy amargada o cruel, porque algo así, no lo puede decir una buena persona. Más le valdría reflexionar sobre el concepto de dios que tiene, porque si existe, que no lo sé, no creo que sea un ser tan cruel. En fin, me deja sin palabras. Me imagino a la mujer que le han dicho esto, y una de dos, o se quedó hecha polvo, o la mandó a paseo, porque tiene tela la frase. Cuidado con las palabras.

- Si nadie tuviera hijos, la humanidad se extinguiría. Claro, si, es que somos tan pocos en el mundo… ¿esta persona no lee que estamos superpoblados?, ¿que lo que ocurre es que más bien sobramos? En cualquier caso, también se extinguieron los dinosaurios, ¿no? Quiero decir, que no creo que si nos extinguimos sea precisamente porque algunas mujeres no tengamos hijos. ¿Nada que ver el maltrato al que sometemos a la tierra? en fin…

- Es que (tener hijos) es ley de vida. Esta persona debe tener un libro que yo desconozco titulado "Las Leyes de la Vida" o algo así. ¿Cuántos capítulos tendrá? Es que me parto con estas tonterías de verdad. Y, por otro lado, si lo piensas es muy triste. Triste que algunas personas tengan ideas tan cerradas y cuadriculadas de cómo hay que vivir la vida en pleno siglo XXI. Pues muy bien señora o señor, cumpla usted con su ley, y déjeme a mí con las mías.

- Este pueblo necesita niños, se está despoblando. Y no tiene nada que ver el que no haya trabajo o una forma de ganarse la vida fácilmente, o que esté lejos de lugares en los que sí hay recursos ¿verdad? Si no que tiene que ver con que una mujer en concreto no tenga hijos. Y, además, vaya carga para el pobre bebé, traerlo con la obligación de quedarse en el pueblo, le guste o no, para que esta persona se quede tranquila de que su pueblo va a tener una persona más. ¡Para partirse!

- Entonces, ¿qué sentido tendría la vida? Aquí entramos en el gran misterio del sentido de la vida… ¡ay, madre! Pues la vida tiene el sentido que tú le quieras dar. Para ti querida o querido, quizás el sentido de tu vida es procrear y para mí a lo mejor es vivir libre como una mariposa. Mejor mírate lo que tú deseas para tu vida, cuáles son tus valores, cómo das sentido a tu vida, y déjame a mí con el sentido de la mía.

- No quieres ser madre y estás criando. Esta frase la compartió una mujer que no tiene hijos, pero vive con una pareja que sí los tiene. Temazo este también, que más adelante comentaré.

¿Qué tendrá que ver una cosa con otra? Una mujer puede no querer tener hijos propios por muchos motivos, y aun así convivir y colaborar en la crianza de los de su pareja. No creo que sean cosas comparables ni incompatibles. No eres su madre, así que, querida persona, está siendo fiel a su decisión de no serlo, tranquila. Ya puedes dejar de preocuparte por su coherencia y preocuparte de la tuya.

- Una pareja sin hijos es como un jardín sin flores. Esta frase de tan absurda como es, solo me hace reír. Esto es como mezclar churras con merinas. De todas formas, para gustos colores, porque hay jardines muy bonitos sin flores. Yo le diría que echase un vistazo por internet para que vea que sin flores un jardín también puede ser precioso. Por cierto, esta es una de las que me dijeron a mí.

- Cuando quieras tenerlos te vas a arrepentir. Esta la debe decir una adivina o adivino, casi me aventuraría a decir que es una mujer. Los hombres, en general, y según mi experiencia, no dicen esto. Pero da igual, el caso es que da por hecho que quieres tenerlos en algún momento futuro. Y si me arrepiento, ¿qué? Pues anda que no tenemos cosas para hacer y experimentar, si las hiciésemos todas por no arrepentirnos, ¡no tendríamos tiempo! Con la diferencia de que, si me pongo a estudiar chino y luego me arrepiento, lo puedo dejar, pero si traigo una persona al mundo, y después me arrepiento, no hay devolución posible. De todas formas, esta frase, por lo que he visto en las sesiones con mujeres, es una de las que más hacen sufrir a las que están indecisas. Y es que el tema del posible arrepentimiento es aún un potente controlador. Veremos este tema más adelante.

- Ya cambiarás de idea. ¿Sí, de verdad? Otra pitonisa de tres al cuarto. ¿Por qué tendría que cambiar de idea?, ¿acaso crees que no sé reflexionar para tomar decisiones? Quizás es que tú no tienes claras tus ideas y crees que a mí me pasa lo mismo. De nuevo, dando por hecho que en algún momento toda mujer debe desear ser madre. Y si cambias de idea, pues cambias de idea, pero estás diciendo que ahora no.

- ¿Y qué legado vas a dejar? Esta es una de mis favoritas. Una que yo misma he escuchado. Y encima me la dijo un amigo. ¡Flipé! Le podía haber dicho, de hecho, mientras respiraba hondo una voz en mi cabeza gritaba por decirlo, pero me contuve, que mejor no dejar ningún legado que un hijo como el suyo que es uno de esos niños maleducados, que pega a todo niño o niña que se le pone por delante, un bruto, vamos, pero no, no se lo dije. Le dije que legados hay muchos, no tiene por qué ser un hijo y que además a mí, no me preocupa demasiado lo que dejaré, ¿por qué iba a hacerlo si yo ya me habré ido? Y, en cualquier caso, creo que el tema del legado no solo está sobrevalorado, sino que se interpreta mal. También hablaré de esto más adelante, en un capítulo para él solito.

- Si tus padres hubieran hecho lo mismo, tú no existirías. Obvio y eso no me haría sufrir porque si no existo, no existo, no estaría ahora mismo escuchando esta chorrada. No es algo que yo elegí (aunque a algunas corrientes New Age les encante decir que sí) o al menos, no soy consciente de ello. Además, esto dependiendo de cómo te vaya en la vida, pues quizás es para agradecer o no.

- ¿Qué pasa, que no te gustan? Típica frase donde las haya. Si hiciera una encuesta de las mujeres que hemos escuchado esta pregunta cuando decimos que no somos madres o que no queremos serlo, estoy segura de que el porcentaje se acercaría al 100%. Esto es como decir que la razón más importante para ser madre es que te gusten los niños. ¡Como si no hubiera cosas mucho más importantes en las que pensar para decidirte a ser madre! Claro, así pasa, que hay mujeres que los tienen y se agobian, o se arrepienten, ¡normal! Son muchas cosas a tener en cuenta, no solo que te parezcan monos o incluso encantadores. Conozco mujeres que dan clase a niños pequeños porque les encantan y que han decidido no ser madres y mujeres a las que no les encantan los niños, que han sido madres porque deseaban vivir esa experiencia. Y, por otro lado, ¿qué pasa si no me gustan?, ¿por qué esta frase siempre parece que esconda una segunda parte que nadie nombra, pero se respira y que sería algo así como "¿qué pasa, que eres tan bruja malvada que no te gustan?". Ya hablare también de este tema más adelante.

- Todavía eres joven. Esta es muy graciosa cuando ya no eres tan joven. Casi siempre te lo dicen señoras mayores que te ven como si fueras una cría, aunque hayas pasado los 40. En el fondo, es un chute de autoestima. Yo antes, ilusa de mí, contestaba "no se crea que ya no soy tan joven" y entonces la señora me preguntaba y al decirle mi edad me respondía "ah, pues no, entonces no puedes pensártelo mucho que se te va a pasar el arroz", ¡Toma!, otra frasecita, eso por dar explicaciones. Así que ahora, simplemente sonrío y callo.

¿Qué te parecen? Estoy segura de que te han dicho al menos una de estas frases alguna vez. Como te decía al principio del capítulo, decidí darles un toque de humor y, como era un artículo del blog que después compartí en redes, he decidido dejarlas tal cual. Espero que las respuestas te hayan sacado al menos una sonrisa.

EL SUPUESTO INSTINTO MATERNAL

Otra cosa que nos suele molestar bastante es lo del dichoso instinto maternal. Muchas personas dan por hecho que existe, que todas las mujeres lo tenemos, y claro, a veces al decir que no tienes "eso" las miradas, como mínimo son de asombro.

Es rara la sesión en la que la mujer a la que acompaño a tomar la decisión, no me nombre el tema del instinto diciéndome "es que yo no tengo instinto como mis amigas" y, lo primero que empiezo diciéndoles es que no está demostrado que exista, y que lo que algunas llaman "instinto materno" cuando hablan de una especie de llamada a ser madre, realmente no es un instinto, sino que es el deseo puro y simple de serlo, y esto no es lo mismo.

Para empezar, deberíamos plantearnos qué es un instinto. Para la Biología en concreto, un instinto es aquello que nos permite la supervivencia, y, en consecuencia, la evolución de la especie, pero también nos dice, que no es una regla. Aquí ya tenemos una duda razonable.

Además, como dice Orna Donath, socióloga israelí conocida por su libro "Madres arrepentidas"

"En la Historia ha habido culturas en las que era corriente
que las madres abandonasen a sus hijos, los ofrecieran como
sacrificio para los dioses o que incluso matasen a sus recién
nacidos. Si existiese el instinto, esto no sería posible".

Así que incluso si alguien piensa que es algo que traíamos de serie pero que se ha perdido a lo largo de la evolución, parece que tampoco es 100% cierto, ¿no crees?

Y es que, como dice Sofía Argüello Pazmiño, socióloga de la Facultad Latinoamericana de Ciencias Sociales (Flacso)

"Las mujeres tenemos una capacidad reproductiva biológica,
pero eso no significa que sea un indicativo para asegurar la
existencia de un instinto materno".

Para mí, seguir hablando de instinto materno, aun cuando la ciencia no lo ha podido demostrar, es mantener una de las creencias que apoyan una visión muy estrecha acerca de la mujer o, como dice Stefanía Molina, autora del estudio "El mito del instinto maternal y su relación con el control social de las mujeres", el sostenimiento del mito "niega a las mujeres la posibilidad de generar una identidad fuera de la función materna". Es decir, mantener esa idea de que existe un instinto sirve para que creamos que más allá de la maternidad, hay poco más que podamos ser.

Algunos se fijan en cómo actúa una mujer cuando tiene hijos para hablar de una especie de dotación genética que todas supuestamente traemos y que hace que una mujer se comporte de manera maternal con sus hijos. Defienden que ese comportamiento maternal es parte del equipamiento genético y predispone a las mujeres a ser "buenas madres" simplemente por el hecho de serlo. Quién defiende esto, lo explica comentando que las mujeres, desde muy temprana edad demostramos interés por imitar los roles propios de nuestro género, ser tiernas y delicadas, además de tener activado un "reloj biológico" que promueve nuestro interés por nuestra capacidad reproductiva. Como verás, esta opinión, parece sacada de las típicas enciclopedias que nuestras madres o abuelas estaban obligadas a leer. Pero esto, nada tiene que ver con algo innato, como se presupone que es el instinto, sino con algo aprendido. Ese comportamiento que imita roles es fruto de algo grabado por observación, no algo que traemos ya en los genes. De hecho, la psicóloga Rosario Domínguez, integrante de la Unidad de Medicina Reproductiva de Clínica Las Condes, en Chile, explicó que los estudios científicos realizados durante los últimos años coinciden en observar que

"el deseo de una mujer de tener un hijo y cuidarlo no responde a un instinto, sino que surge de motivaciones complejas que se relacionan con aprendizajes y experiencias de vida, y que es influido por el contexto de vida presente y la cultura"

Es decir, que ese "instinto" que algunos llaman al hecho de ver cómo algunas niñas juegan a las mamás con sus muñecas, no es más que una imitación de lo que ven. Yo misma jugué muchísimo con muñecas, a las que llevaba a todas partes y me ocupaba de ellas como una mami, y siempre, curiosamente, jugaba a que tenía 4 hijos, digo curiosamente porque mi madre tiene 4 hijos, pero después, nunca tuve claro que quisiera ser madre, de hecho, nunca sentí ese "instinto" y te aseguro que soy tan normal o no como cualquiera.

Eso que llaman instinto maternal tiene más relación con el cuidado del bebé, con la tendencia de protegerlo y atenderlo cuando lo tienes, y es que los diferentes estudios se inclinan más por describirlo como un medio de adaptación a la nueva situación que como algo innato que todas tenemos. Incluso siendo madre algunas mujeres abandonan a sus bebés, así que no solo no puede ser innato, sino que tampoco debe ser algo que se despierta en todas, ¿no te parece?

Pero volviendo al supuesto instinto maternal que se nos despierta para querer ser madres, en mi opinión, y en vista de que no está demostrado, como te he explicado en los párrafos anteriores, no es lo mismo hablar de ese instinto que de desear o querer ser madre. Aquí podríamos hablar largo y tendido, porque los deseos dependen de muchos factores, muchos de ellos aprendidos y desde luego, no tienen que ver con la biología, sino con nuestra psicología.

Para que quede aún más claro de que se habla de instinto maternal cuando se quiere decir deseo de ser madre, un instinto tiene que ver con una supuesta llamada biológica y está relacionado con la supervivencia de la especie y un deseo es algo más psicológico, y por lo tanto afectado por creencias, pensamientos, etc.

Así que, por favor, deja de creerte eso de que tú no tienes instinto materno, y más bien reconoce que no tienes deseo de ser madre porque lo del instinto, no está demostrado que exista y cuanto antes dejemos de usarlo nosotras mismas, y de aclarar esto a quien nos lo diga, antes terminaremos con uno de los clichés más repetidos en cuanto a la mujer.

Y ¿QUÉ PASA SI NO TE GUSTAN LOS NIÑOS?

Creo que puedo decir, sin miedo a equivocarme, que todas las mujeres que no tenemos hijos hemos escuchado alguna vez la pregunta "¿es que no te gustan los niños?". A mí me la han hecho más de una vez después de decir que no era madre o que no quería serlo.

Pasando de largo la indiscreción que toda pregunta de este tipo conlleva, sobre todo cuando viene de una persona que ni te conoce apenas, la pregunta es tan absurda que, si nos paramos realmente a pensarla, hasta da risa. ¿Es que no te gustan los niños? es tan general como preguntar ¿es que no te gustan los adultos o no te gustan las personas?

Imagínate esta conversación:

—¿Tienes una persona que te ayude en casa?

—No

—¿Y no la vas a tener? porque te vendría muy bien esa ayuda (aquí mostrando los "beneficios", que ni le hemos preguntado)

—No, no me gusta tener a nadie extraño en casa (por ejemplo)

—(con cara de "¡qué me está contando esta sacrílega!") ¿Es que no te gustan las personas? (¡ya está!, conclusión lógica, según su modelo mental)

El ejemplo es absurdo, lo sé, pero es que quiero mostrarte la absurdez de las conclusiones a las que llegan las personas que nos hacen la dichosa pregunta. ¿Lo puedes ver?

Además, detrás de esta pregunta hay varias suposiciones.

La primera es que "los niños" como grupo, me tienen que gustar todos y cada uno, sin distinción. Y esto es absurdo, ¿a quién le gustan todos los adultos? ¡A nadie, venga ya! Podemos respetar, tolerar, pero ¿gustar?, ¿en serio? Siempre habrá personas que, incluso, sin conocerlas mucho, nos provoquen cierto rechazo, y no pasa nada. No hablo de hacérselo saber, de ser groseras con ellas, hablo simplemente de provocarnos un rechazo que hace que sean personas con las que no tendríamos trato por los motivos que sea. Pues "los niños" igual.

A mí, personalmente no me gustan todos los niños. Es cierto que no voy diciendo "no me gustan los niños" porque es una generalización que no es cierta e incluiría a niños que me encantan, aunque, a veces cuando me he sentido muy interrogada y ya estaba harta y quería parar a la "oficial de la Gestapo de turno", sí que he dicho un rotundo, seco y áspero "porque no me gustan los niños". Mano de santo, esa persona se calla, mira para otro lado e inicia su interrogatorio con otra persona, o, si estábamos solas, de repente le entra mucha prisa por irse. ¡Perfecto, misión cumplida! Pero solo lo digo en esos casos.

Como decía, hay niños que no soporto, al igual que adultos. Y no pasa nada, no se lo hago saber, ni a ellos ni a sus madres, por supuesto, simplemente paso de largo y punto. Si estoy en un sitio tomando algo tranquilamente y hay un niño que considero insoportable, simplemente o cambio de mesa o me voy.

Y la segunda suposición detrás de la dichosa pregunta es la conjetura a la que llega la persona que te hace esa pregunta de que el que no queramos tener hijos es porque no nos gustan los niños, que, por otro lado, podría ser, como de hecho es para muchas mujeres, pero que no tiene por qué ser el motivo de todas nosotras.

Hay montones de razones para no querer serlo, algunas ya las hemos visto, tantas probablemente como para querer, por supuesto, pero no creo que el que te gusten los niños, sea un argumento muy sólido para tenerlos. De hecho, me parece que basar esta decisión vital tan importante en un "me gustan los niños" es una buena manera de meterte en un lío porque, no olvidemos, y esto lo digo por las que aún estáis en proceso de decisión, que los niños no vienen a este mundo para cumplir nuestras expectativas, no vienen con la personalidad que nos gustaría, ni están todo el día sonriendo y calladitos (ni por las noches), y puedes tener un niño o niña que no te deja ni descansar hasta que no tiene 3 años, o que es muy irritable, o un niño o niña de esos que siempre están chillando y enfadados...y entonces no creo que el que te gusten los niños te ayude mucho. Así que, me parece que la decisión no se debe tomar sólo desde ahí.

También es cierto que conozco mujeres a las que los niños no les volvían locas, pero tenían muy claro que querían ser madres. Así que, de nuevo, en mi opinión, que te gusten o no, no es una razón sobre la que basar una decisión vital tan importante, por lo que no comprendo cómo la pregunta que surge a estas personas cuando dices que no quieres ser madre es si no te gustan los niños. Quizás es la cuestión que ellas priorizaron para tomar la decisión o incluso desde la que decidieron, pero esa es su elección, no la tuya.

Allá cada cual, con sus decisiones, pero lo que quiero que veas es lo absurdo de la pregunta la mires por donde la mires.

Pero ¿qué pasa, como decía en el título, si es que realmente no te gustan los niños? Ay, amiga mía, ahí ya sí que nos miran que nos fulminan, vamos, que en otra época nos habrían quemado en la hoguera.

De hecho, al igual que pasa con las mujeres que se arrepienten de haber sido madres y se callan porque se las comen vivas, las mujeres a las que no les gustan los niños, ningún niño, el "género niño", que también las hay, se ven forzadas a callarse porque si lo dicen son vistas como si fueran unas brujas asesinas despiadadas.

Y sé lo que digo porque en la comunidad de Instagram hubo una mujer que me escribió por privado y me lo contó. Me decía que nunca quiso tener hijos, que no se veía como madre, aguantando llantos, cambiando pañales, aguantando rabietas y teniendo que cambiar sus costumbres, gustos y rutinas por un niño o niña y que cuando contaba esto la solían mirar mal, como si fuera una mala persona, así que ya no lo contaba. Le parecía un poco raro tener que mentir sobre sus motivos porque es como si no fuera ella, pero había decidido no contarlos porque no podía con la crítica. De hecho, ese no gustarle los niños hacía que, aun teniendo sobrinos, casi no los viera.

¿No es alucinante que una mujer tenga que mentir sobre su motivo para no ser madre cuando se lo preguntan e inventarse otro, solo porque ese motivo es mal visto por la sociedad, porque es catalogado como "de mala persona"? ¿Te das cuenta cómo debe sentirse una mujer que miente sobre las razones de una decisión tan importante?

Debe ser como negarse a sí misma en parte, o al menos, disfrazarse un poco de otra persona en ese momento que le preguntan.

Y lo peor es que esto no es un caso aislado, no es que a esta mujer una persona en concreto la haya juzgado mal por decir que no le gustan los niños, no. Esto es un juicio muy generalizado, basta hacer la prueba.

Hice una encuesta entre conocidos y una búsqueda en internet, preguntando "¿qué significa cuando una persona te dice que no le gustan los niños?" y aluciné con las respuestas que encontré, mira:

"Que no le gusta quién es o cómo se siente mientras está frente a ellos. Pueden ser muchas razones: malos recuerdos de la infancia, no sabe cómo comportarse ante un niño, juzga la falta de educación en consecuencia de su corta edad, es muy pasivo y se altera con el ruido o la actividad física. Entre otras razones"

¿Es muy pasiva una mujer a la que no le gustan los niños?, ¿por? ¿Qué tendrá que ver?

"Finalmente que a alguien no le gusten los niños, o los gatos, o los lugares cerrados es porque les crean inseguridades o tienen juicios al respecto"

Esta persona no solo se permite tener una opinión, sino que encima nos "ilumina" con su diagnóstico (nótese el sarcasmo)

"Que no le gusta recordar su pasado, porque él/ella igual fue niño/a. Algo bastante tonto desde mi punto de vista, es genial ver a los niños hacer preguntas, ser curiosos, una condición que lamentablemente muchas personas pierden al ser adultos".

Otro psicólogo del tres al cuarto.

"Significa que si le pedís a esa persona que cuide a tu nene mientras vas al cine, no te sorprendas si al regresar encuentras a tu nene encadenado a la cama y amordazado".

Este, no sé si pretendía ser gracioso, pero desde luego, no lo es.

"Pues creo que una persona a la que no le gusten los niños es una persona triste porque no hay nada más alegre que ver a un niño"

¡Toma ya! generalización al canto. Esta persona no ha estado al lado de muchos niños, me parece a mí. Volvemos al tema de antes: hay niños encantadores y niños odiosos, como adultos, y no siempre es diversión estar al lado de un niño, sino que se lo pregunten a una madre cuando no para de llorar y ya no sabe ni qué hacer para calmarlo.

Es una pena que aún haya personas no solo que tengan estas opiniones, sino que se permitan el lujo de escribirlas en foros y en artículos. Creo que estamos aún muy lejos de ser lo tolerantes y modernos que nos jactamos de ser y lo peor, es que no tengo claro si esa tolerancia está tan cerca como nos gustaría.

EL TEMIDO ARREPENTIMIENTO

Ni te imaginas las veces que he escuchado esta palabra en mis sesiones con mujeres que están tomando la decisión de ser o no ser madres e incluso en las sesiones con mujeres que están decidiendo si parar de intentarlo o seguir.

El miedo a arrepentirse es uno de los lastres más grandes que existen a la hora de decidir en general, y el más importante cuando una mujer está indecisa respecto a la maternidad.

Incluso he visto cómo mujeres que, aun sintiendo que lo suyo no es la maternidad, se enfrentan a la necesidad de reafirmarse en esa decisión, porque el temor a arrepentirse les hace titubear.

El arrepentimiento es uno de los factores más importantes que provocan, que, si aún no tienes clara la decisión, des vueltas una y otra vez a lo mismo, que te sientas bloqueada e incluso, y esto es lo peor, que te autoconvenzas de que, si quieres, cuando no es verdad.

Así que este fantasma que da tanto miedo y que, además, se usa mucho como argumento para convencernos de que seamos madres, merecía un capítulo entero.

Hay dos tipos de arrepentimiento: el anticipatorio y el real.

El primero es suponer que nos vamos a lamentar en el futuro de algo que estamos decidiendo en el presente y el segundo es la certeza de que nos hemos equivocado cuando llegamos a ese futuro y vivimos las consecuencias negativas de la decisión que tomamos.

La sensación puede ser la misma, pero hay una gran diferencia, el primero no es real, es algo que imaginamos y el segundo sí, y para mí lo más importante y a la vez paradójico es que el miedo que provoca el arrepentimiento anticipatorio crea el escenario perfecto para tomar o no, una decisión de la que sí que nos podamos arrepentir en el futuro.

El arrepentimiento anticipatorio

Voy a empezar hablando del arrepentimiento que muchas mujeres suponen que sentirán al tomar la decisión de no ser madres, ese que te tiene bloqueada aun sintiendo muy en el fondo que no quieres ser madre, ese arrepentimiento anticipatorio del que te hablaba. Más tarde hablaré del real, del que quizás ya estás sintiendo en base a una decisión tomada probablemente guiada por ese miedo a arrepentirte.

Es muy curioso lo de este arrepentimiento anticipatorio ya que lo genera nuestra enorme capacidad para imaginar cualquier tipo de escenario en el futuro, algo increíble que nuestra mente es capaz de hacer, pero que, en este caso en lugar de favorecernos, nos llena de miedos por posibles consecuencias negativas y puede ser una emoción terriblemente poderosa que afecta a nuestro comportamiento aquí y ahora. Esto se debe a que tenemos la increíble capacidad de generar alternativas con nuestra mente, y si bien es fantástico, en este caso hace que podamos anticipar un arrepentimiento en el futuro ¿y qué hacemos? tratar por todos los medios de evitarlo. ¿Y cómo tratamos de evitarlo? No decidiendo. Y ahí empieza el bucle incesante de dudas y más dudas. Ten presente que nos coarta la libertad en la planificación de nuestro futuro, porque al temer consecuencias negativas, nos paralizamos y no decidimos y, al final, que la vida decida por ti no es siempre la mejor idea, sobre todo en el caso de ser o no ser madre.

Hay algo muy importante, aunque quizás te pueda parecer obvio, que debes tener muy presente y es que, cuando tomamos una decisión, normalmente no lo hacemos pensando que es la peor que podamos tomar, sino, obviamente no la tomaríamos. La tomamos con la información que tenemos en ese momento porque no somos adivinas, no sabemos qué va a pasar en el futuro. La tomamos también desde quienes somos en ese momento, que no tiene que ser la misma que fuimos ni la que seremos. Es decir, la tomamos en el presente. Tomar una decisión basada en el supuesto arrepentimiento es tomarla desde un lugar futuro, hipotético y oscuro.

Lo realmente fascinante y que puedes usar para salir de esa mentira que te cuenta tu mente, es que algunos psicólogos argumentan que el arrepentimiento anticipado puede ser aún más fuerte que el arrepentimiento real que sentiríamos si nuestras decisiones no funcionaran.

¿Te das cuenta de lo que esto significa? Es decir, que, si mañana te arrepientes de la decisión que has tomado hoy, el dolor que sientas no será nada comparado con el que hoy te estás infligiendo por creerte eso que te dice tu mente de que te vas a arrepentir. Significa que ese fantasma del arrepentimiento es más grande hoy por lo que te dice que pasará mañana, de lo que puede ser mañana cuando ya estés viviendo las consecuencias de tu decisión.

El arrepentimiento anticipado es una emoción tan poderosa que puede hacer que evitemos decidir, y que nos guiemos hacia lo que tengamos 'seguro' y nos alejemos de experiencias nuevas e interesantes.

Aclarado esto, déjame decirte que el arrepentimiento es un sentimiento tan común al ser humano como la alegría o la tristeza y que la inmensa mayoría de nosotras lo hemos experimentado, quizás no por el tema de la maternidad, pero segurísimo que por muchos otros. ¿Quién no tiene situaciones en su vida en las que hubiera deseado actuar de otra manera, decisiones que no tomó o que tomó y resultaron diferentes a lo que se esperaba? Yo no conozco a nadie, te lo aseguro. Y esto es así porque cuando hacemos algo nunca conocemos todas las consecuencias de nuestras decisiones, siempre hay algo que se nos escapa, por lo tanto, existe la posibilidad de la equivocación.

Ahora bien, una cosa es asumir que el arrepentimiento es algo humano, lo que ya hace que no lo veas como algo tan horrible que solo te pasa a ti, y otra muy diferente es tomar la decisión a lo loco. Cuanto más meditada tomes tu decisión, menos posibilidades tendrás de arrepentirte después.

Lo curioso del arrepentimiento es que es un sentimiento que se nutre mucho de la razón. Y no hablo de pensamientos negativos, que son los que hacen que cualquier emoción, desde la tristeza, a la rabia se hagan más grandes y persistentes de lo que son en un momento dado. Me refiero a que cuando sentimos ese dolor del arrepentimiento es porque hemos hecho una valoración personal sobre algo ocurrido en el pasado y sacamos la conclusión de que cometimos un error. Por lo tanto, cuando usamos la carta del arrepentimiento futuro para tomar una decisión en el presente, estamos colocándonos mal, ya que no tenemos la perspectiva del tiempo para poder valorar lo que hicimos, porque aún no lo hemos hecho, ¿te das cuenta de lo ilógico y poco realista que es decidir desde ahí?, ¿de la gran mentira que nos cuenta nuestra mente?

Y una cosa muy importante: anticipamos más arrepentimiento cuando vamos contra corriente, cuando tomamos decisiones nosotras mismas, en lugar de dejar que sea la vida la que lo haga. Así que es normal que aparezca este fantasma cuando estás tratando de decidir algo que va contra lo habitual: elegir libremente si quieres ser madre o no.

Ahora vamos a ver qué ocurre cuando ya tomaste tu decisión y te arrepientes.

Ya tomé mi decisión y me arrepiento

Si en su momento no tomaste la decisión libremente, o si simplemente dejaste que la vida decidiera por ti, es probable que te sientas arrepentida, y lidiar con esa sensación sé que no es agradable. Yo no me arrepiento de no haber sido madre, pero me arrepiento de otras cosas y sé lo paralizante, machacona y culpabilizadora que es esa sensación constante de que podrías haber hecho lo contrario.

Pero déjame que te diga, y no solo por experiencia propia sino porque es una gran verdad que habrás oído a psicólogos, psiquiatras, filósofos o investigadores del comportamiento humano, que no queda otra, si queremos vivir medianamente en paz, que asumir las cosas que ya no tienen solución y no obsesionarnos continuamente en imaginar cómo sería nuestra vida si hubiéramos actuado de otro modo.

La asunción, la integración y la aceptación, son indispensables para avanzar y encontrar nuestro equilibrio.

Voy a intentar darte algunas ideas para tratar de aligerar esa carga, si ya sientes ese arrepentimiento.

Existen principalmente dos formas de encararlo:

- Ante una situación determinada, darte cuenta de que te equivocaste, que cometiste un error, pero pensar que equivocarse es humano y está dentro de lo normal, en cuyo caso podemos sentir un arrepentimiento que, si bien no es agradable, no es invalidante, no nos impide disfrutar de nuestra vida.

- Ante la misma situación decirte cosas del tipo "cómo he podido…", "es horrible…", "soy una egoísta", "nunca aprendo…`` y anticipar consecuencias peores. En este caso aparecerá un arrepentimiento cargado de culpa, vergüenza y otras emociones que te harán sentirte aún peor.

La segunda es la que nos interesa aquí, porque es la que puede estar causándote sufrimiento. Es en este segundo caso donde el arrepentimiento se convierte en algo inútil que lo único que hace es zambullirnos en un mar de angustia del que no podemos salir y desde donde no podemos aprender. Porque hay una cosa muy importante que me gustaría que te quedará muy clara: cuando al arrepentimiento le sumamos un montón de frases negativas y reproches hacia nosotras mismas, aparece la culpa, y es esa culpa la que nos mantiene bloqueadas y estancadas ya que nos ata a un pasado que no podemos cambiar.

Como dice Wayne Dyer:

"La culpabilidad quiere decir que despilfarras tus momentos presentes al estar inmovilizado a causa de un comportamiento pasado".

La mayoría de las frases que te dices tienen que ver con estar constantemente comparando tu situación actual con posibles alternativas que podrías haber tomado, en ese pasado que ya pasó, frases del tipo ¿y si hubiera…?, ¿y si no hubiera…? y todo esto solo sirve para agravar aún más tu sufrimiento emocional

Este es un libro que, aunque pretende ofrecerte reflexiones de aspectos que, como este del arrepentimiento, pueden estar dificultando tu vida para que las veas desde otro punto y puedas gestionarlos mejor, es básicamente un libro de divulgación sobre la no maternidad y no puedo extenderme con herramientas y técnicas para cada dificultad o miedo que podamos enfrentar las mujeres sin hijos.

Si, como hemos visto, ya sabes que decirte todas esas cosas negativas te va a llevar a sentirte culpable y que es la culpa la que te mantiene bloqueada porque te lleva una y otra vez a un pasado que ya no puedes cambiar, primero y antes de nada ¡para! Sí, puedes aprender a parar, eso se entrena.

Ten en cuenta lo que te dice esa sensación de pesadumbre que acompaña al arrepentimiento. Primero identifica qué es. ¿Es tristeza? Indaga en ella, qué te dice. Aquí se puede tirar mucho del hilo y encontrarás pistas para poder salir de ella.

Nunca compares tu nivel de arrepentimiento con el de otras, no te hagas eso, no es una competición. El nivel de arrepentimiento de cada una se debe, en parte, a que cada una tenemos unos valores diferentes. Descubre los tuyos y toma decisiones alineadas con ellos. Decidiendo y poniéndote objetivos desde ahí, dejas muy poco espacio al arrepentimiento.

Y recuerda esta frase de Séneca:

"Son más las cosas que nos asustan que las que nos dañan.
Sufrimos más por la imaginación que por la realidad"

Así que, en el hipotético caso de que mañana te arrepientas, no tiene por qué ser tan duro como lo que hoy te cuenta tu mente.

NO SER MADRE, PERO SER MADRASTRA

Si del tema del instinto maternal se habla hasta la saciedad, del siguiente tema pasa todo lo contrario, no se habla nada. Es un tema que parece que no existe, ni para los medios, ni las redes, ni en las conversaciones cotidianas y por eso mismo existen muchos mitos e ideas bastante locas.

Se trata de la convivencia con los hijos de tu pareja cuando tú no eres madre.

No tengo mujeres cerca que vivan esta situación y como te decía, no es un tema que se escuche mucho, así que ni siquiera lo tuve en cuenta cuando empecé a escribir sobre el tema de la no maternidad. De hecho, no tenía claro si incluirlo en este libro, pero pensé que esta circunstancia también genera incomodidad e incluso sufrimiento porque a la misma presión de la maternidad se le suman, por una parte, juicios por el hecho de convivir con los hijos de sus parejas y, por otra, estereotipos alimentados por la industria del cine que se empeña en mostrar una imagen peyorativa de ellas. Así que, me pareció que este tema merecía un espacio en un libro que pretende divulgar sobre cualquier tipo de no maternidad y que pretende aportar algo, aunque sea un granito de arena, para que acaben con los clichés asociados a las mujeres que no tenemos hijos.

Si tú estás en esta situación, ojalá este capítulo te sirva, y si no, espero que al menos te sirva, como a mí, para conocer otras circunstancias y dejar de alimentar ciertos tópicos por puro desconocimiento.

Como te decía, no conocía a ninguna mujer que viviera con hijos de otra, y nunca me planteé escribir sobre ello en Instagram, pero tuve la suerte de que Isabel (no voy a decir su apellido por respeto a su intimidad) me contactó por un mensaje privado y me propuso que hablase de este tema en mi antiguo blog, algo de lo que estoy muy agradecida porque me hizo conocer esa otra realidad, muy diferente a la mía, pero igualmente válida.

Para decir la verdad me sorprendió muchísimo la respuesta que tuvo ese artículo, de hecho, fue el más comentado en el blog que entonces tenía. Y es que estas mujeres viven su situación con poca comprensión y no encuentran el apoyo que necesitan, porque siempre se ve lo difícil que debe ser para unos niños convivir con la nueva pareja del padre o madre, pero no nos paramos a pensar en lo difícil que debe ser entrar en una familia en la que no siempre eres bienvenida.

Isabel me contaba que para ella ha sido y sigue siendo todo un aprendizaje y considera que las mujeres que viven esta situación están bastante solas y estereotipadas.

Ya solo la palabra "madrastra" nos trae a la mente a la mala de la película que tanto ha subrayado el cine. Ya sabes, esa mujer que ha venido a usurpar el lugar de mamá, incluso a veces la que los maltrata y, todos tenemos en mente películas en las que al final los padres vuelven a juntarse.

Con todo este escenario no es raro que estas mujeres se sientan muy solas e incomprendidas.

La verdad es que siempre pensé que no tener hijos y convivir con una pareja que, si los tiene, no debe ser tarea fácil. Siempre tuve muy claro que eso no era para mí. Creo que, de haber conocido a un hombre con hijos, habría huido como Julia Roberts en "Novia a la fuga" antes de enamorarme.

Y es que, si educar ya es difícil, educar a unos niños que, de entrada, te verán como una extraña, debe ser una tarea titánica. De hecho, según me comenta Isabel, "tú no educas, tu pareja lo hace junto a su madre y tú debes mantenerte en un segundo plano y respetar las decisiones que ambos como padres tomen". Lógicamente sí que pones unas ciertas normas de convivencia, porque, al fin y al cabo, conviven contigo, pero nada más. Este apartarse, este callarse, en cierto modo te aísla y para Isabel hay que trabajarse mucho este silencio para que no te dañe. Requiere soltar el control y requiere honestidad y es un gran aprendizaje. De hecho, Isabel me comentó que le ha ayudado a conocerse mejor, a ser más tolerante, más abierta, más tranquila, a gestionar las emociones en lugar de tragarlas, le ha ayudado a aceptarlas. Como casi todo en esta vida, de circunstancias difíciles, podemos aprender mucho de nosotras, pero ni el camino es fácil, ni todas estamos preparadas para hacerlo, depende el momento. Así que, por favor, al leer esto, si es tu caso, no lo uses como vara para compararte, sino como faro que te guíe, ya que, si una mujer puede, tú también.

Me imagino el shock que debe ser asumir un rol para el que no estás preparada, un rol que quizás ni te habías planteado cumplir con hijos propios. Debe ser una especie de llegada a la maternidad inesperada, como la mujer que sin buscarlo se queda embarazada y no sabe cómo manejarlo, pero en este caso con niños que no son tuyos y que pueden tener ya cierta edad

Cuando Isabel comenzó este camino, una de las cosas que faltaba era información, le hubiera gustado saber más del tema antes de comenzar esta aventura, haber hablado con otras mujeres que lo estuvieran viviendo y tener claras unas cuantas cosas, pero no encontró mujeres dispuestas a hablar. Esto ha cambiado y ahora buscas en internet y encuentras varios artículos sobre el tema.

Lo que voy a compartir contigo aquí, es fruto de la generosidad de Isabel, quién compartió conmigo una serie de reflexiones muy claras a las que había llegado tras años de vivir esta experiencia. Ten en cuenta que no son conclusiones mías, yo no he vivido esa experiencia y no podría jamás dar este tipo de consejos. Son la opinión de una mujer que ha vivido y ha extraído unos aprendizajes que a ella le hubiera gustado tener claros antes porque le habrían evitado pasarlo mal.

Isabel, con la sabiduría que te da el tiempo, considera que existen tres pilares fundamentales para tener en cuenta cuando vas a meterte en una situación como esta: tu relación con los niños, la relación con tu pareja y tu vida personal.

Tu relación con los niños

Debes tener muy claro que no son los hijos que no tuviste, por lo tanto, tampoco son los sobrinos de tus hermanos ni los nietos de tus padres. Y esto, para ella es clave, porque sufrió mucho cuando los niños de su pareja no entendían por qué tenían que ir a ver a su familia, cosa que después entendió. Y lo entendió porque se dio cuenta de que ese concepto tan en boga de las familias "diversas", en este caso en concreto, más que ayudar, perjudica. Perjudica en el sentido de que puede crearte la expectativa de que tienes una familia, y no es así. Tienes una pareja que tiene una familia. Tu pareja tiene su familia, en la que están los niños, los niños tienen su familia (padres, abuelos, tíos) pero tú no eres su familia. Tú eres una adulta que convives con ellos. Isabel me dijo que entenderlo así le dio tranquilidad.

Otro punto importante en tu relación con los niños es por supuesto, no hacer el papel de madre, cosa que reconoce que no es fácil porque convives con ellos y haces cosas que haría una madre: lavarles la ropa, prepararles la comida, ayudarles con los deberes… Ella cree que esto les hizo mucho daño tanto a ella como a los niños, y vio que la mejor opción era dejar estas tareas para el padre, siempre que fuera posible.

Y, relacionado con el tema de tener claro que los niños no son tu familia, también considera importante gestionar las expectativas respecto al vínculo que puede generarse. Me comentó que al principio quería crear ese vínculo, pero que se dio cuenta de que eso no era posible, al menos no un vínculo fuerte. De hecho, está muy segura de que la relación con los niños dura solo hasta que dura la relación con la pareja y esto lo ha visto en amigas que han convivido con niños desde muy pequeños, niños que habían perdido a sus madres, y, aun así, al separarse de su pareja, la relación con ellos finalizó. Así que, aunque reconoció que los quiere, no se pelea ya por crear ningún vínculo.

Tu relación con tu pareja

Isabel cree que hay que prepararse muy bien desde el principio y sentar las bases con la pareja de cómo se va a funcionar en el día a día, qué cosas va a hacer cada uno, qué espera tu pareja de ti, cuál crees que va a ser tu papel y cómo va a ser la vida diaria. Y en este sentido considera muy importante cómo te van a llamar los niños. A Isabel su pareja la presentó como la novia de papá y, ella ahora se preguntaba qué es ser la novia de papá, porque claro, al principio esto era estupendo, salían todos juntos y se lo pasaban bien, pero cuando la "novia de papá" pasa de venir a veces a casa a instalarse en casa, la cosa cambia. Para ella es importante esto porque te posiciona de una manera u otra frente a los niños.

Por otro lado, el tema de dónde vivir, también es un tema que Isabel considera importante ya que, si lo haces cerca de los niños, y por tanto de su madre, puede generar conflicto con la pareja, pero si lo haces lejos, puede ser un trastorno para los niños que lo utilizarán como excusa para no querer irse con el padre, o para ir a regañadientes, sobre todo a ciertas edades en las que necesitan estar cerca de sus amigos y su entorno.

Y, por último, cree que hay que tener claro que para tu pareja la prioridad son sus hijos, no eres tú. Esto debe ser difícil de asumir, aunque, creo que en el caso de las parejas con hijos ocurre un poco lo mismo en la mayoría de los casos, sólo que, al contrario: los hijos se convierten en una prioridad para las madres dejando, muchas veces, a sus parejas en segundo plano. Pero bueno, volviendo al tema, esto significa que él les educa y que, como decía Isabel, lo mejor es que te mantengas en un segundo plano.

Tu vida personal

Según me comentó Isabel, este es un punto muy importante para no perder tu centro, tu tranquilidad. Es fundamental darles prioridad a tus valores, a tus actividades, a tu vida en definitiva y quedarte, con respecto a la relación del padre y los niños, en el papel de observadora, papel, que para Isabel tiene un gran valor porque al no involucrarte, al no ser su madre, puedes ver desde fuera las cosas mucho mejor y, si te preguntan, puedes aportar ideas y puntos de vista nuevos y no sesgados.

Para no perder tu centro ni tu tranquilidad, es importante no dejarse manipular con frases como "pobrecitos, es que tienen dos casas" o "pobrecitos, es que están siempre de un lado para otro". Sea o no cierto, lo cierto es que tú estás en medio y tú no tienes la culpa de lo que les ha pasado. Ella recalca que no puedes cambiar tu actitud por la situación que los niños estén viviendo.

Al final de la conversación ella reconoce que a pesar de que cuando mira hacia atrás ve momentos bonitos, si lo hubiera pensado antes, no lo habría elegido. También reconoce que te acaban importando más de lo que crees y por lo tanto cuanto mejor te prepares antes, mucho mejor.

Me parece que se necesita mucha valentía para elegir esa vida y que, siempre y cuando la elijas sabiendo a lo que te enfrentas o que, como Isabel, tengas la valentía de ir descubriendo cómo hacer que todo sea más fácil una vez que ya estás dentro, te puede hacer crecer mucho como persona. Pero, también opino algo que ella me comentó, y es que, "no todas estamos dispuestas a ello y no pasa nada si no puedes. Ni eres mala persona, ni eres egoísta, recuérdalo por favor".

Cuando compartí mi entrevista con Isabel en el blog, este artículo recibió bastantes comentarios y todos coincidían en lo difícil de la situación. Algunas mujeres incluso se atrevían a confesar que, aunque querían mucho a su pareja, si les preguntaran si lo escogería a él otra vez en las mismas condiciones, sin dudarlo dirían que no. Esto me recuerda a los comentarios de algunas madres arrepentidas y me hizo pensar en lo difícil que debe ser compartirlo con alguien.

La culpa aparecía una y otra vez en sus relatos por el simple hecho de reconocer que en otras circunstancias no escogerían lo mismo. Esa idea les hace sentir malas personas y les caló muy hondo la frase de Isabel que decía «también creo que no todas estamos dispuestas a ello y que no pasa nada si no puedes. Ni eres mala persona, ni eres egoísta, recuérdalo por favor»

También coincidían la mayoría en que cualquier persona que se enfrenta a esta situación, no tiene ni idea de cómo es esto ni lo visualiza. Y tienen la sensación de que nadie puede entender su postura, sin embargo, ellas deben entender muchísimas cosas. Lo catalogaban de frustrante y estaban de acuerdo con Isabel, en que hay que tomarlo como constante aprendizaje.

En un comentario, una mujer añadía que es fundamental que

entiendas que vas a tener lo malo de ser madre (riñas, malas caras, enfados, limpiar por cuatro, gastos) pero no lo bueno de serlo (no te van a decir que te quieren ni te van a llegar a respetar nunca como a una madre, incluso habrá muchas ocasiones en las que te culpen a ti sin razón de muchos de sus problemas)

Otra mujer opinaba que, en el caso de que quieras ampliar su familia, porque es la suya y no la tuya, te encontrarás con las negativas por parte de todos, y no seréis sólo dos personas pensando en el futuro ya que los intereses de muchas se antepondrán a los tuyos.

Respecto al tema de donde vivir, decían, que no sólo debes tener en cuenta donde vive la ex, sino donde vais a vivir vosotros. A veces, te das cuenta de que son los intereses de los niños los que priman incluso por encima de los tuyos, y, como decía un comentario "puede que suene egoísta, pero cuando tienes que pagar alquiler y trabajar como una mula para llegar a final del mes esperas hacerlo por lo menos por un lugar donde puedas llegar a ser feliz".

Todas coincidían en que, por supuesto, la prioridad de sus parejas eran sus hijos y no ellas y alguna matizó que siempre lo había entendido y nunca le había molestado, pero que el problema venía cuando a esto le unes las horas laborales, las de obligaciones familiares, etc. Entonces, tienes que aceptar que vas a estar muchas horas sola, ya que puede que cuando se hagan los planes de vacaciones familiares, (planes que no haces tú porque se ponen de acuerdo los papás) tú tienes que trabajar, etc., y esto es un punto muy importante para tener en cuenta. Tú eres una invitada en sus planes. También resaltaban la dificultad que a veces conlleva organizar un tiempo libre y de calidad con la pareja pues, a veces es menor de lo que te gustaría.

Coincidían con Isabel en que tienes que cuidarte mucho, es decir, necesitas tener tiempo contigo misma, con tu propia familia y amistades, y dejar de pensar que tú tienes la culpa de algo. Son dos adultos con hijos en común, tú no tienes la culpa de que vivan alejados de sus padres, de que hagan kilómetros o de que se peleen entre ellos. Y tampoco es tu obligación moral ni económica el darles el hogar que se rompió o que nunca llegaron a tener, es solo y exclusivamente responsabilidad de sus propios padres.

Otra mujer comentó que, como Isabel, a veces pensaba que si hubiera sabido todo esto no habría empezado una relación de estas características, porque al igual que todos los implicados, tú solo tienes una vida, tu vida, y no puedes vivir solo para hacer felices a los demás. Con esto no quería decir que no lo intentes, solo que dejes las cosas muy claras desde el principio, que tengas claro que todo esto pasará y si aun así estás dispuesta, adelante.

Si estás viviendo esa circunstancia, es importante hablar con otras mujeres que estén en tu misma situación, tarea que cuando yo hablé con Isabel, sobre 2018, no era nada fácil porque, hasta donde ella sabía, no existía ninguna asociación, ni punto de encuentro. Pero, durante el proceso de escritura de este libro, encontré una página web que se llama "Ser madrastra" que ofrece distintos servicios, desde servicios de asesoría y acompañamiento para vivir tu experiencia como madrastra en positivo, sesiones para reenfocar algún aspecto de la convivencia con el que tienes dificultades, e incluso atención en pareja.

Tienen una comunidad para mujeres con foro privado donde hay un espacio para contactar directamente con ellas siempre que lo necesites, y más recursos muy interesantes.

Así que, si esta es tu situación y te sientes sola, te animo a que le eches un vistazo.

CUANDO TÚ NO QUIERES TENER HIJOS Y TU PAREJA SÍ

Aquí viene otro tema peliagudo. Porque, ¿qué ocurre cuando tú no quieres tener hijos y tu pareja sí? Lógicamente lo más recomendable, para evitar futuros disgustos y problemas es tratar este tema al principio de la relación, sobre todo, si tienes muy claro que tu "no quiero hijos" no es algo temporal, no es "ahora" o "de momento" no quiero hijos, sino que sabes que no deseas ser madre, sea por lo que sea.

Mejor empezar dejando las cosas claras al principio porque puede ocurrir que la otra persona te diga que no pasa nada, pero no sea así, y que tenga la esperanza de que un día tú cambies de opinión. Por eso, es necesario decirle que no es algo pasajero, sino que tú sabes que no quieres ser madre, y pedirle que no espere cambiarte, ni se haga falsas ilusiones o se cree falsas expectativas porque sólo conseguirá frustrarse y contribuir a que la relación no funcione.

Una vez puestas todas las bases de la relación, puede ocurrir que la relación se termine. Si este tema no se aclara al principio y decidís seguir adelante, ten en cuenta que es un asunto pendiente y que os puede generar conflicto más tarde o más temprano. Así que, si no quieres alargar lo inevitable, que es enfrentarse a ese tema, lo más sano es hablarlo desde el principio, ¿no te parece?

Si lo dejaste pasar. Cómo prepararte para esa conversación.

¿Qué pasa si esto no se habló, pero surge en un momento dado?

Pues que puede ser causa de mucho dolor, conflicto, confusión, y cuanto antes te enfrentes a ello, mucho mejor para ambos.

Ni yo ni nadie te podemos dar una solución mágica. Primero porque no la tengo, ni creo que nadie la tenga. Decirte algo como una verdad absoluta sería una irresponsabilidad por mi parte. Segundo porque cada persona y cada pareja son un mundo y, por lo tanto, las situaciones, y lo que les funciona, es diferente. No existen las pastillas mágicas ni la solución para todos.

Dicho esto, lo que sí puedo hacer es darte algunas pistas que podrían facilitarte la conversación, pero, por supuesto, esto debes adaptarlo a ti. Ten en cuenta que este es un tema por el que algunas mujeres necesitan acompañamiento, ya que hay que adaptarlo a cada una, pero creo que estos tips te pueden servir para empezar, y si ves que tú sola no puedes, aquí estoy para ayudarte o recomendarte a alguien.

Lo primero y fundamental es que tú tengas claro qué quieres. A veces podemos cambiar de idea, y desde que empezaste tu relación con esa persona puede que ya no tengas tan claro si quieres o no ser madre, así que antes de nada sé muy sincera contigo misma. Es muy importante que tu decisión, la que sea, la tomes desde la seguridad en lo que quieres y desde el amor y el respeto hacia ti misma.

Te propongo una serie de preguntas que son algunas de las que te haría si estuviéramos en una sesión juntas, y te invito a que contestes con sinceridad y calma, y para eso, necesitas encontrar un momento en el que vayas a estar sola y tranquila, en el que sepas que nadie te va a interrumpir. Rodéate de un ambiente que te haga sentir segura y tranquila, quizás unas velas, quizás música suave, quizás un incienso, quizás un té…no sé, lo que te haga sentir que estás a salvo y te aporte calma. A lo que me refiero es que vas a tratar un tema muy importante para vuestra relación, y necesitas darte tiempo y espacio. Una vez que tengas el momento y el espacio, tómate un tiempo para leer cada una de estas preguntas y contestarlas, te recomiendo que lo hagas por escrito y sin censura, esto es muy importante. Nadie las va a leer si tú no quieres, así que, siéntete libre de escribir lo que te salga.

- Obviamente la primera pregunta es: ¿sigo estando segura de que realmente no quiero ser madre? Voy a dar por hecho que lo tienes claro, si no es así, quizás mejor que antes leas el capítulo dedicado a este tema y si estás muy trabada, que busques ayuda. Aun teniéndolo claro, te recomiendo que te formules la pregunta del principio, porque todas tenemos derecho a cambiar de opinión. Pero, cuidado, no te dejes llevar por el miedo a perderle, porque tener un hijo para mantener una relación, es la peor solución posible. Estarás siendo deshonesta contigo, con tu pareja, traerás a un ser humano al mundo, quién, por mucho que después pueda ser querido, vino desde el miedo a perder, no desde el amor. Y, en el peor de los casos, que los hay, puedes sentir resentimiento hacia esa personita. No, no es egoísta ni de mala persona, es una emoción que ocurre más de lo que muchas veces las mujeres quieren reconocer. Recuerda lo que te decía sobre el libro que Orna Donath, socióloga israelí, escribió llamado "Madres arrepentidas" en el que entrevista a mujeres que lamentan haber sido madres. Así que, no sería tan raro que te pasara, y no queremos que después esa persona pequeña te caiga mal, ¿verdad?

- Si la respuesta es que has cambiado de idea. Puede ser que ahora te apetezca ser madre, pues ¡ya está! Se terminó el problema.

- Si la respuesta es que no te hace especial ilusión, pero tampoco te importa. En este caso, yo me lo pensaría más, incluso pediría ayuda profesional si no eres capaz de ver tú misma qué pasa, porque hay veces que el miedo a perder es tan grande que nos engañamos y es bueno que alguien te acompañe y te haga las preguntas adecuadas, aquellas que tú misma ahora no te atreves a hacerte o a responder. Aun así, te sugiero que continúes con el resto de las preguntas. Quizás te aporten claridad. Si no, ya sabes, mi recomendación es que busques ayuda.

- Si la respuesta es un rotundo "no". Si sigues segura de que no quieres ser madre, entonces continúa preguntándote: ¿Cómo me siento respecto a esta situación? ¿cómo me siento respecto a que mi pareja quiera hijos aun habiéndole dicho que yo no quería?, ¿cómo me siento respecto a que mi pareja quiera hijos y yo no? Por ejemplo, me siento frustrada, me siento enfadada, me siento engañada…lo que sea. ¿Qué hay detrás de cada una de esas emociones? Por ejemplo: Me siento enfadada porque yo ya se lo dije muy claro y mira ahora. O me siento triste porque esto nos separa. La intención es que viendo lo que sientes y el motivo, entres en contacto con ello, lo reconozcas y así, no lo utilices como arma arrojadiza en el momento de tener la charla con tu pareja, sino que puedas utilizar eso que acabas de escribir, de reconocerte, para introducirlo en la conversación.

Una vez que tienes claro esto, las siguientes preguntas te ayudarán a preparar la conversación.

- ¿Qué espero de mi pareja? ¿Espero que cambie de idea? Al igual que tú quieres que él o ella no te pida algo que va en contra de tus valores, a él o ella tampoco le gustará que tú lo esperes de su parte. Tenlo en cuenta para la conversación.

- ¿Qué ocurre si no cambia?, ¿hay alguna forma de llegar a un acuerdo? Claro, esto es difícil si vuestras posiciones siguen siendo radicalmente opuestas. O alguno cede, y esto puede tener consecuencias, o el tema pinta mal.

- ¿Estoy preparada para escuchar lo que tenga que decirme con calma y manteniéndome segura? Es importante que, si tienes clara tu postura, no te dejes llevar por sus miedos, sus promesas, etc. Quiero decir, es fácil, porque si estáis juntos es porque os queréis, que haya mucho miedo a la separación, y que se pueda utilizar el chantaje emocional para evitarla. Si te vas a dejar convencer, que no sea porque no lo veas venir, sino por decisión propia.

- ¿Qué es lo peor que puede pasar si mi pareja sigue insistiendo en tener un hijo?, ¿Estoy preparada para aceptarlo? ¿Lo peor será que nos separemos?, ¿Que yo ceda? Es importante que contemples cada una de las posibilidades para saber de antemano cómo puedes sentirte, a qué te vas a enfrentar, las consecuencias de ello y si estás preparada. Recuerda que no tienes por qué decidirlo ahora, a no ser que tu pareja te esté apremiando, en cuyo caso, estás en tu derecho de pedirle tiempo.

Una vez que tengas todas las respuestas, plantéate una conversación tranquila con tu pareja. Prepárate para ello, no saques la conversación en un momento que veas que no va a estar receptiva, o que tiene prisa, busca el momento adecuado.

Es una conversación muy importante porque se trata de una decisión que sí o sí cambiará vuestra vida para siempre, pero precisamente por eso necesitas tenerla. Cuanto más lo alargues peor.

Como te dije, no tengo la solución al tema, ni yo ni nadie, solo tú y tu pareja, pero espero que estas preguntas al menos te ayuden a saber si tu decisión sigue siendo firme, y a enfrentarte a esa conversación que sabes que debes tener, desde otro punto, con más calma, menos expectativas y menos exigencias. Ese al menos es mi deseo.

OTRO GRAN TÓPICO: LA MATERNIDAD TE ENSEÑA LO QUE ES IMPORTANTE DE VERDAD

Hace un par de años, una lectora del blog me escribió bastante molesta tras haber leído una frase escrita por una madre. La dichosa frase que tanto molestó a la lectora que te comentaba era esta: "La maternidad te cambia la vida es cierto, sí. Te enseña lo que es importante de verdad y también te enseña a valorar más lo que tienes…"

Entiendes su enfado, ¿verdad? Con la primera parte, no hay problema, creo que todas entendemos que la maternidad es un cambio radical de vida, pero ¿qué me dices de la segunda parte? Es una perlita, eso de "te enseña lo que es importante de verdad" (aquí suspiro con los ojos hacia arriba de puro hartazgo). Esta frase parece dar por supuesto que las mujeres que no tenemos hijos no supiéramos lo que es importante de verdad, ni supiéramos valorar lo que tenemos ¿acaso hay que ser madre para eso?

Para mí obviamente, la respuesta a si hay que ser madre para saber lo que es importante de verdad y valorar más lo que tienes, es un rotundo y claro NO. Me considero una mujer que sabe lo que le importa en la vida y no he necesitado la maternidad para ello, como tampoco la he necesitado para valorar lo que tengo.

Por supuesto estoy de acuerdo en que la maternidad te cambia la vida ¿cómo no si pasas a tener que cuidar a otra persona que no eres tú y que durante muchos años depende de ti, y con la que tendrás, te guste o no, un vínculo de por vida? Eso emocional y mentalmente tiene que ser una revolución, sin hablar de los cambios que tendrá tu vida para siempre. Pero que te enseñe lo que es de verdad importante o a valorar lo que tienes… ¡pues depende!, ¿y de qué depende?, pues de cada una, claro.

Pero quería ir más allá, porque esta respuesta podría parecer la opinión de una mujer para la que la maternidad nunca fue prioritaria ni importante, y que quiere defender esta opción de vida, y nada más lejos de la realidad. Yo no quiero defender mi opción, nuestra opción, yo quiero que se respete, punto. No quiero que mi respuesta se clasifique de poco objetiva, o se vea como una generalización más porque precisamente eso es lo que no queremos, ¿verdad?, más generalizaciones. Así que le he dado muchas vueltas al tema para contarte por qué creo de verdad, que esta afirmación es incorrecta.

Para ello me planteé la reflexión contraria, es decir, imaginé que yo, o cualquier otra mujer sin hijos, escribiéramos algo así: "La no maternidad (el no ser madre) te enseña lo que es importante de verdad y también te enseña a valorar más lo que tienes" Para empezar, si veo esto, así tal cual, en plan generalizo y me quedo más ancha que pancha, cuanto menos pensaría que vaya tontería. Pero esto lo hice por algo. Te sigo contando. Me dije esto y realmente me tomé muy en serio esta reflexión, y siendo completamente sincera conmigo misma, me di cuenta de que, al menos para mí, es falsa. Y llegué a esta conclusión:

El no ser madre no me ha enseñado lo que es importante para mí, más bien la reflexión de lo que para mí es realmente importante, me ha llevado a la decisión de no serlo y esto es muy diferente.

Es decir, para mí hay unos valores importantes en mi vida que se expresan a través de esa opción. E imagino que para la mujer que escribió la frase sobre la maternidad, hay una serie de valores que ella vive a través de su opción: la maternidad. O sea, creo que tanto una como otra opción no son las catalizadoras que nos enseñan lo que es importante para nosotras, sino que es la manera a través de la que vivimos esos valores importantes.

En cuanto a lo de valorar más lo que tenemos, me pregunto ¿cómo influye el ser madre o no serlo en que valore más mi salud, mi pareja, mi casa, mis amigos, mi familia…? En el caso de la maternidad, no sé cómo puede influir en que valores más lo que tienes, porque no la he vivido, aunque seguro que para alguna mujer hay alguna relación y será suya, única y diferente. En cuanto a la no maternidad, sinceramente, se me ocurren muchas cosas que valoro, pero no sé en qué medida el hecho de no ser madre tiene algo que ver en ello, ¿Tiene algo que ver el no haber parido con que valore a mi marido?, ¿tiene que ver el que no tenga un bebé con que valore mi salud?, ¿tiene que ver el que no tenga un hijo con que valore a mis amigos? No sé cómo lo ves tú, ya te digo que es mi opinión y cómo yo lo siento. Para mí, se trata de cosas y personas que valoro por sí mismas, por lo que aportan a mi vida, por lo que me hacen sentir. Su valor para mí no depende de mí opción de vida, como tampoco me imagino de qué manera para una mujer que ha deseado ser madre y no ha podido, el hecho de no serlo le hace más valorar a su pareja, su familia, amigos, o lo que sea que valore.

Lo que sí sé es que el hecho de no ser madre no quiere decir que no sepamos valorar lo que tenemos, ¡por favor!

La verdad es que me fastidian este tipo de verdades absolutas, cuando es tan sencillo ser respetuosa y decir que para ti la maternidad es… ¡la pera limonera!

Volvemos a lo de siempre, a la importancia de cuidar las palabras. No podemos dar nuestra opinión como si fuera una verdad absoluta, no señoras, porque de ahí viene el que prolonguemos toda clase de estereotipos, juicios etc.

Me parece muy bien que para algunas mujeres la maternidad les haya enseñado lo importante, pero ¿no sería más acertado y realista haber añadido un "en mi opinión" o un "para mí"? Para mí, las palabras son muy importantes porque son las que se convierten en creencias y estas generan todo tipo de juicios y opiniones.

Y, por otro lado, no nos olvidemos, una vez más, de todas las mujeres para las que no ser madre no fue algo elegido, sino impuesto por su cuerpo o la biología, ¿cómo deben sentirse ante una frase así? Si están aún sufriendo el dolor que les habrá provocado enfrentarse a esa realidad, esta especie de verdades universales podrían generarles aún más dolor. ¿Por qué?, pues porque como es algo que han deseado, leer esta especie de "verdad absoluta" les puede llevar a creer que no van a aprender lo que es importante en la vida y no van a poder valorar lo que tienen, y esto, puede quitarles fuerza para centrarse en aceptar su realidad y superarla.

Y una mujer, que está en proceso de decisión, puede enredarse más en las dudas creyéndose que si no se lanza a la maternidad no va a saber qué le importa en la vida, ni va a saber valorar lo que tiene, lo cual es absurdo.

EL FAMOSO TEMA DEL LEGADO

Yo no sé realmente si a las personas en general el tema del legado les preocupa. En mi caso, jamás me planteé este tema hasta que un amigo nos preguntó a mi marido, y a mí, después de decirnos, por enésima vez, ya a mis 45 años, si es que no pensábamos tener hijos, y al decirle que obviamente no, nos lanzó la pregunta ¿Y qué legado pensáis dejar? Nos quedamos sorprendidos los dos. ¿Qué legado pensaba dejar él? ¿Sus dos hijos son su legado?

Para empezar, habría que dejar muy claro lo que significa legado, porque creo que es una palabra que muchas personas han adoptado para explicar los motivos por los que tienen hijos, y que se aleja de su auténtico significado.

Ciñéndonos a la definición de la RAE, legado es aquello que se deja o transmite a los sucesores, sea cosa material o inmaterial.

Es decir, que tiene que ver con lo que yo dejo a alguien, y que yo sepa un hijo no es una cosa, así que no puede ser tu legado, es tu descendencia. Entonces cuando nos dicen que si no tenemos hijos qué legado vamos a dejar, están enfocando mal el tema.

Si nos ajustamos a la definición de la palabra, no tiene nada que ver. Confunden la cosa (el legado) con el destinatario del legado (los hijos) que son los sucesores en todo caso, de ese legado.

Aclarado esto, supongo que cuando nos preguntan esto, no quieren saber qué herencia vas a dejar (vamos, me parecería ya el colmo de la intromisión), sino que les preocupa, no sé si genuinamente o porque es una de esas preguntas típicas que se siguen repitiendo generación tras generación, qué huella vas a dejar, quién se va a acordar de ti cuando te mueras.

Este es un tema que a mí no me preocupa demasiado, por no decir nada. Yo vivo mi vida tratando de hacer aquello que me gusta y si algo tiene repercusión o es lo suficientemente bueno o valioso como para quedarse, estupendo, si no, no pasa nada, no vivo pensando en la manera de que mi nombre se recuerde. De hecho, a no ser que seas una Madame Curie, una Coco Chanel o una Frida Kahlo y por lo tanto tu vida y obra quede reflejada en una creación tan buena que merezca ser recordada, por mucho que tengas hijos y nietos nadie se va a acordar de ti, ni siquiera tu descendencia. ¿Acaso tú te acuerdas de tus bisabuelos, o tatarabuelos? yo no, la verdad, así que, ¿por qué se preocupan tanto las personas con hijos de ser recordadas? No vas a ser recordada a no ser que seas extraordinaria, esa es la simple y llana verdad.

Si nos ajustamos al verdadero significado de "legado", ya sabes "aquello que se deja o transmite a los sucesores, sea cosa material o inmaterial", es decir, la herencia, he de decir que es importante que sepamos de antemano que la ley no es nada justa a este respecto y si tú o tu pareja morís sin dejar testamento lo que tenga el que muere pasa a los padres del que queda vivo, al menos en España, pero en este tema no me voy a meter más porque es delicado y yo no soy una experta. Si no lo tienes claro, consulta con un buen abogado.

Dicho esto, hay unas cuestiones generales que creo que pueden interesarnos, sobre todo si tenemos bienes que consideremos valiosos, y no me refiero solo por su valor económico, sino por su valor sentimental y por lo tanto queramos controlar qué va a pasar con ellos.

Decidas lo que decidas, ponlo por escrito. ¿Conoces el dicho de "las palabras se las lleva el viento"? Pues eso, que mejor que lo que quieras hacer, especialmente si involucra dejar dinero o bienes a tus seres queridos, fundaciones o instituciones de beneficencia, lo dejes plasmado en un documento. Ten en cuenta que, si no dejas tus deseos plasmados, será el gobierno quien decida qué hacer con ellos, al menos en España, no sé cómo es en otros países.

Sin entrar en muchos detalles, porque como te digo eso tendrás que hablarlo con un abogado, según los expertos, es recomendable obtener tres documentos: un testamento válido que cumpla con los requisitos del lugar donde tienen su domicilio legal, un poder notarial general y un poder notarial de servicios médicos.

Quizás puedes pensar ¿pero, yo que voy a dejar que tenga valor si no tengo ni una casa en propiedad? No confundas dinero con valor.

Puede que tengas, por ejemplo, una buena colección de recetas de cocina cuidadosamente recopilada desde hace años, o un diario que llevaste desde que eras una pipiola hasta tu vejez, o unos cuentos o historias que nunca te atreviste a publicar pero que no quieres que se pierdan… lo que sea que para ti tenga valor. Por ejemplo, yo no quisiera que mis libros se tirasen, y aunque, hace un par de años, doné más de 50 a una ONG que los vendía para financiar proyectos de educación para niñas en África, los que me quedé y los que vaya comprando de aquí a que me muera, quiero dejarlos a alguien que los valore. También mi colección de discos de vinilo, mis CDs...estas cosas para mí tienen valor sentimental y me gustaría que llegaran a manos de personas capaces de valorarlas. Si son mis sobrinas, perfecto, pero si veo que a ellas no les interesan para nada, buscaré otras personas o fundaciones.

También puede que quieras que tus fotos queden en buenas manos, sobre todo si te encanta la fotografía y tienes una buena colección de paisajes, flores, calles de distintas ciudades o lo que sea que te encante fotografiar. Las fotografías donde aparezcan calles principales o casas que ya no existan podrían resultar de interés a archivos locales, bibliotecas…

Pero tus fotos personales, también pueden tener un gran valor para ti y no quieras que se tiren o se queden por ahí, piensa ¿quieres que terminen en la basura o prefieres que alguien de tu familia las tenga? E incluso las que tenemos en formato digital, ¿quién quieres que tenga acceso a esos archivos?

En fin, que hay muchas personas o instituciones a las que dejar nuestro legado y muchas maneras de conseguir que este nos sobreviva al menos un tiempo, porque, repito, a no ser que seas una celebridad, nadie te asegura que tus familiares no vayan a tirar tus cosas, al fin y al cabo, ya son suyas.

ENVEJECER SIN HIJOS.

Una de las frases que más escuchamos las mujeres sin hijos cuando decimos que no somos madres ni lo queremos ser es "¿y quién te va a cuidar cuando seas mayor?" y creo que esta pregunta más allá de ser una de tantas que nos hacen, encierra un verdadero miedo que existe en esta sociedad: el miedo a envejecer.

Si la manera de ver la vejez fuera diferente, no creo que el envejecer sin hijos se convirtiera en la preocupación más importante, junto con el arrepentimiento, de muchas mujeres que no han podido tener hijos y en uno de los miedos que hacen dudar de si serlo o no a las que aún están indecisas. En realidad, también es un miedo que puede aparecer, aunque de manera más tenue o intermitente, en las mujeres que hemos decidido no serlo. Si viéramos la vejez como lo que es, un proceso natural del que deberíamos alegrarnos porque significa que estamos vivas, este miedo a envejecer solas no sería tan fuerte.

En este capítulo voy a hablarte de los aspectos generales ya que, por un lado no sé si tú eres una mujer que tiene este miedo, y si lo tuvieras, es un tema que es mejor tratar acompañada porque no sé qué nivel de miedo tienes y no quiero que abras la caja de pandora y luego te quedes con todo eso sin saber cómo enfrentarlo, y por otro lado, ya sabes que el objetivo de este libro es hablar de la no maternidad, de los puntos que compartimos y de algunas singularidades según las distintas circunstancias que nos llevan a ser una mujer sin hijos, no es ser un libro de herramientas.

Para analizar este miedo un poco más en profundidad, y que pueda servirte al menos de punto de partida para que realices una primera reflexión, me parece interesante dividirlo en dos partes: una el miedo a envejecer en general, y la segunda el miedo a envejecer sin hijos.

¿Por qué tememos tanto a la vejez?

Aquí, como en todos los miedos, las creencias personales influyen mucho en el grado de miedo o aversión que tengamos y estas, como siempre, están influidas por las creencias de nuestro entorno y de la sociedad en que vivimos.

Voy a empezar por las razones que tienen que ver con conceptos que vienen de la sociedad. Por supuesto es mi modo de verlo, no una verdad absoluta.

En mi opinión, existen tres factores que influyen en esta especie de fobia social que existe en general hacia el hecho de hacerse mayor:

- **La visión sobre la vejez.** Hay una frase de Carl Honoré que lo resume muy bien "Envejecer es un regalo, pero lo vemos como un castigo". Exactamente. Vivimos en un mundo en el que envejecer se sufre, se ve como una condena, algo que si lo piensas es absurdo, es como si pasáramos de la adolescencia a la adultez sufriendo, cuando suele ser todo lo contrario, queremos hacernos mayores. No pensamos que esto sea un problema, sin embargo, llega un punto en el que pasar de cierta edad ya lo vemos como un problema. ¿Por qué? porque asociamos esa última etapa de nuestras vidas con enfermedad, decrepitud, dolor, soledad, abandono, pérdida de memoria, y un sinfín de adjetivos horrorosos más. ¿Quiero decir que algo de eso no pueda darse? Por supuesto que no. Lo que quiero decir es que nos centramos única y exclusivamente en esa parte, ¿por qué no nos fijamos en otras posibilidades? Pues porque la sociedad se ha empeñado, hasta ahora, en mostrarnos solo la parte más dura, pero no todas las personas tienen una vejez tan horrorosa, ¿Por qué no podrías tú ser de las personas que viven con salud hasta el último de tus días? Ejemplos hay muchos, por nombrar los más conocidos: Jane Fonda, Clint Eastwood, Morgan Freeman.

- **El culto a la juventud.** Aunque parece que es un fenómeno recurrente a lo largo de la historia, no tenemos nada más que ver cómo los romanos y antes los griegos ensalzaban la juventud en esas esculturas de cuerpos jóvenes perfectos, nunca antes se tuvo esta visión tan negativa y despreciativa de la vejez y esto, según algunos sociólogos se debe a la carencia de un rol "reconocido" para las personas mayores, dentro de la sociedad. En la antigüedad, aun admirándose la juventud, las personas mayores seguían jugando papeles importantes y eran admiradas por su experiencia y sabiduría. Hoy en día, ¿a cuántas personas mayores de 65 años se les permite seguir trabajando si ellas quieren?, ¿cuántas empresas quieren contratar a personas por encima de los 50? Este culto a la juventud impregna todo, desde la televisión, la publicidad, la moda o incluso el arte. ¿Cuántos anuncios de productos o servicios que no tengan que ver con lo que se supone que necesita una persona mayor ves con gente mayor?, ¿qué pasa, que las personas de 60, 70, incluso 80 si se encuentran en buenas condiciones, no se compran coches, ropa o yogures? Ese culto se lleva a tal extremo que las personas adultas no queremos envejecer, queremos permanecer "por siempre" jóvenes. Y nos esforzamos muchas veces en aparentar esa edad que ya no tenemos, a veces cueste lo que cueste. Y todo esto en una época donde la vejez está más presente que nunca, donde la proporción de personas mayores sigue creciendo en casi todos los países del mundo como resultado de los avances en salud y el desarrollo socioeconómico. ¿No te parece una contradicción en sí misma?

- **El miedo a morir.** Parece que la sociedad moderna es incapaz de aceptar algo impepinable: la certeza de que en algún momento vamos a morir. Si te das cuenta, todos los avances médicos y tecnológicos, el "progreso" se encaminan hacia un solo fin: hacer la vida más fácil y prolongarla el máximo posible. Y no digo que esto sea negativo, al contrario, pero claro, en este contexto, la vejez es un recordatorio de aquello que no podemos negar: el inevitable encuentro con la muerte. En este miedo a la muerte, hay como dos partes: por un lado, los miedos "racionales" tales como el miedo a qué va a ser de mi pareja cuando yo no esté, por ejemplo, y otros menos racionales o realistas, porque son miedos basados en cómo imaginamos que es la muerte. Los primeros pueden mitigarse más fácilmente que los segundos, basta con dejar las cosas bien organizadas cuando aún estamos en plenas facultades. En cuanto al miedo que nos produce el hecho de imaginarnos la muerte, requiere de un trabajo personal para identificar qué creemos de ese momento y a qué le tememos exactamente ¿es al dolor?, ¿es al cese de la conciencia?, ¿de dónde te viene ese miedo?... Hacerte estas preguntas te acercará a la verdad sobre tu miedo. Hay muchas otras y hay diferentes formas de tratar este miedo, pero ya sabes que no es el objetivo de este libro.

Estos tres puntos son la base que sustenta que veamos la vejez como una época horrible, y los que alimentan nuestros miedos a envejecer.

Como te decía al principio, nuestro grado de miedo depende de todas esas creencias y temores que vienen de fuera, pero también, y yo diría que, sobre todo, de nuestras propias creencias, de nuestra personalidad, de lo mucho o poco que decidamos creernos todo lo que se dice sin pasarlo por nuestro filtro.

Por eso, como siempre que algo nos hace pasarlo mal, es crucial que te conozcas, que te intereses por lo que crees, que indagues en ello haciéndote las preguntas adecuadas. Obviamente no sé si este es tu problema, ni cuál es tu nivel de preocupación por este tema, y, de nuevo insisto en que el objetivo de este libro es el de divulgar, así que solo te ofreceré un esbozo de por dónde podrías indagar y si necesitas ayuda, ya sabes que al final del libro te ofrezco varias posibilidades.

Aquí va mi propuesta:

Se trata de que indagues en tres apartados diferentes:

- Qué crees tú sobre la vejez, sobre hacerse mayor y lo que esto significa.

- Qué creen las personas de las que te rodeas: tus padres, pareja, amigas y amigos, abuelos, etc.,

- Qué creen y cómo la vivieron (si ya no están) tus referentes. Estos pueden ser familiares, conocidos o incluso personas famosas. Cualquiera que para ti tenga algo que admires.

No hay respuestas buenas o malas, solo tus respuestas, tus creencias, y eso es lo que necesitas para conocer mejor de dónde te viene ese miedo a la vejez.

Este es un punto de partida. Después toca hacer un trabajo con ellas, necesitas cuestionarlas, quizás esta es la parte más complicada de hacer por ti misma, ya que nuestras creencias nos pueden parecer certezas y es difícil que las veamos con objetividad, de ahí la importancia de alguien que te acompañe y te ayude a no engañarte en este proceso.

Es un trabajo para realizar poco a poco, y que dependiendo de dónde te encuentres en el momento de hacerlo, puede que necesites una guía. Por eso insisto en que, si no puedes sola, busques ayuda, pero no te quedes donde estás simplemente porque no sabes cómo hacerlo.

No me malinterpretes, no vivo en un mundo color de rosa, ni intento de hacer que tú lo hagas, pero fijarnos solo en una parte de la realidad es, por un lado, negarnos la posibilidad de vivir en calma, y por otro quitarnos la motivación que necesitamos para hacer todo lo que está en nuestra mano para que avancemos por la vida haciéndonos mayores con alegría y salud. Por supuesto que habrá deterioro, nuestros cuerpos, como cualquier maquinaria por perfecta que sea, sufre el paso del tiempo, y tiene una fecha de caducidad, pero está claro que cuanto más cuidemos de él mejor llegará al final de su vida y más lejana será esa caducidad. Y el cuidado al que me refiero, no tiene que ver sólo con el físico, sino con lo mental y lo emocional.

Creo de verdad, que es posible envejecer bien, con salud, con sabiduría, con alegría incluso, o al menos, con aceptación y agradecimiento por llegar a una edad a la que, por desgracia, no todo el mundo llega.

Por cierto, si te preocupa el tema del envejecimiento y quieres quitarte unos cuantos estereotipos de encima te recomiendo muchísimo el libro de Carl Honoré "Elogio de la experiencia" Te aseguro que, si no cambia tu visión sobre este tema, al menos lo ampliará.

Vamos a continuar ahora con la otra variante de ese miedo: el miedo a envejecer sin hijos que tanto hace sufrir a algunas mujeres.

¿Qué hay detrás del miedo a envejecer sin hijos?

Este es un miedo que esconde, otros miedos que muchas mujeres creen, erróneamente, que no tendrían si fueran madres, cuando la realidad es que no es así y solo sirven para prolongar la duda sobre la decisión de serlo o no, y el sufrimiento en caso de no poder serlo.

No son pocas las mujeres que me hablan de ese miedo en algún momento de sus procesos y cuándo lo vamos desgranando poco a poco y cuestionándolo se dan cuenta de que, como en el caso del miedo a envejecer, hay muchas creencias que han aceptado sin pararse a pensarlas.

Aparecen miedos a estar sola, a no tener a nadie que se preocupe de ti, a no tener a nadie que te visite, que te acompañe cuando tengas que hacer alguna gestión con la que crees que te puedes sentir desbordada etc.

Si lo piensas, estos miedos tienen que ver con dos presunciones importantes. Por un lado, con una creencia que te dice que un hijo te garantiza compañía, y por otro que no vas a poder valerte por ti misma. Y ambas cosas son solo suposiciones.

¿Quién te garantiza que un hijo te va a cuidar? Creer que todas las madres son cuidadas por sus hijos es creer en un mundo de unicornios querida. La dichosa pregunta "¿quién te va a cuidar cuando seas mayor?", es fruto de esa creencia, de que tener hijos te asegura el no estar sola, una mentira enorme. Los asilos están llenos de personas que se la creyeron. Me produce mucha tristeza pensar en cómo deben sentirse de defraudadas y engañadas muchas mujeres que tuvieron hijos porque creyeron esa idea. Y no digo que todas las mujeres que deciden ser madres lo hagan porque las cuiden, por supuesto, pero por desgracia, algunas sí, de hecho, no sería una pregunta tan habitual si no existiera ese miedo, ¿no crees? y a veces el miedo, cuando no se trabaja, nos lleva a tomar decisiones equivocadas o al menos, poco conscientes.

Así que creo que quien nos pregunta eso es que realmente tiene ese miedo y tener hijos desde ahí, eso sí me parece no solo egoísta, por la carga que pones sobre el pequeño humano antes de nacer, sino equivocado e ilusorio.

En cuanto a lo de no poder valerte por ti misma, ¿cómo lo sabes?, ¿estás segura al 100%? Se trata, de nuevo, de aplicar el cuestionamiento a estas frases tan absolutas y contundentes para poder ver otras posibilidades que no te hagan tanto daño.

Así que, como ves, estas creencias no se sustentan. No te sirven para tomar la decisión, ni te ayudan en tu proceso de superación del duelo, ni a vivir tranquila con tu decisión.

De nuevo, te propongo que reflexiones sobre lo que para ti significa envejecer sin hijos.

Bajo esos miedos que comentaba al principio a estar sola, a no tener a nadie que se preocupe de ti, o te visite, o te acompañe cuando tengas que hacer alguna gestión, normalmente hay otros más de base que es muy importante descubrir.

Me parece que encarar y superar este miedo a envejecer solas es un asunto muy importante del que necesitas encargarte. Ten en cuenta que es una realidad que vamos a vivir las que no somos madres, aunque luego veremos que hay otras opciones, no solo los hijos, para no estar solas. La realidad actual es que ya existen casi un 39% de mujeres mayores que no han tenido descendencia, que viven solas en España según Antonio Abellán García, profesor de Investigación en el Centro de Ciencias Humanas y Sociales del CSIC y esto irá en aumento.

Así que creo que es un tema que hay que mirar de frente, porque a nadie nos gusta estar solas (otra cosa es la soledad buscada) pero estar solas por no tener a nadie...que levante la mano a quién le encante la idea.

No voy a decir que el pensamiento de envejecer sin hijos me de miedo, tengo otros miedos relacionados con la vejez, que no vienen al caso, pero no ese.

Lo que sí he de confesar es que en algunas ocasiones he fantaseado con la adultez de mis sobrinas, si formarán una familia con hijos o no, si seguirán reuniéndose con sus padres y, me han venido esas imágenes bucólicas, supongo que fruto de años de ver pelis en las que el único modelo de familia era ese, y de la cultura en la que he crecido, en las que los veo a todos reunidos para Navidad y me veo a mí y a mi marido, juntos con suerte, y solos. Lo que ocurre es que, en cuanto miro de frente ese pensamiento me doy cuenta de que es una idealización, una suposición, no una certeza, y, me recuerdo que yo tomé mi decisión en base a quién soy, lo que deseaba para mi vida y lo que mejor me encajaba, no en base a lo que podía perder, que, además, en este caso, es pura fantasía.

Nunca, hasta la Navidad del 2021 marcada aún por el Covid-19, había vivido unas fiestas alejadas de mi familia o la de mi marido, y nunca había sentido realmente lo que era estar los dos solos en esas fechas y tengo que decir, que, si bien no fueron fáciles, me di cuenta de que no lo fueron no por no tener hijos, sino por las circunstancias por las que nos aislamos, la dichosa pandemia, pero que podíamos perfectamente disfrutar, de otra manera, las Navidades. Es decir, me ha servido para ver que mañana podré enfrentarme perfectamente a esa soledad que me adelanta mi mente y que podré llevarla. Ya sabes el dicho "no es tan fiero el león como lo pintan", la mente siempre nos cuenta películas más terroríficas de lo que suelen ser.

Recuerdo que una publicación en Instagram sobre este miedo a envejecer sola fue uno de los más comentados y, de toda la conversación que se generó a raíz de esta publicación, me gustaría dejarte con algunas ideas:

- Somos responsables, en gran medida, de cómo envejecemos, de cuidarnos individualmente, y esto contribuye a que, poco a poco, la sociedad vaya cambiando.

- Lo único que podemos hacer, más allá de ciertas decisiones de organización que podamos tomar, es intentar centrarnos en el momento presente y en lo que es mi vida ahora.

- Tener hijos no te garantiza no estar sola.

- Con las nuevas tecnologías se hace más fácil o llevadero el estar "solo"

- Es muy egoísta someter a los hijos a cuidar a los padres y no dejar que vivan sus propias vidas.

- Hay cosas que podemos hacer como centrarnos en tener una buena economía para pagar un buen asilo o una enfermera que nos cuide cuando (o si) nosotras no podamos hacerlo solas.

- Fantaseamos con el futuro que más miedo nos da y vemos los peores escenarios. Y ¿por qué no fantasear con otras posibilidades?

- Puede que no te compense el tiempo invertido en cuidar niños olvidándote de tus sueños y que, si lo piensas, te dé más miedo pasar el tiempo criando niños y no haciendo tus sueños realidad, que pensar en quién te va a cuidar después de haber vivido al máximo.

- Puede que lo que más te preocupe no sea la soledad, sino la enfermedad y el abandono.

- Nos podemos centrar en cultivar buenas amistades y relaciones con familiares para llegar a una vejez plena feliz.

- Aparte de los hijos hay muchísima gente más a nuestro alrededor que puede acompañarnos durante la vejez: pareja, hermanos, sobrinos, amigos, mascotas…

- Siempre podemos ser nosotras las que creemos esa red de personas en nuestra misma situación.

Espero de corazón que, leyendo estas sugerencias de mujeres como tú y como yo, te sientas un poquito reconfortada o, al menos, menos "rara".

Para terminar con este tema, una vez abordados los aspectos más mentales y emocionales del tema, creo que hay otro aspecto a tener muy en cuenta: el material. Con esto me refiero a temas prácticos como qué hacer con nuestras cosas, dónde queremos vivir si perdemos capacidad de decisión, quién queremos que nos cuide si no podemos hacerlo nosotras mismas, o cómo queremos morir, Y no se trata de asustarnos, todo lo contrario. Se trata de, ahora que estamos bien y somos jóvenes, dejar zanjadas cuestiones que, aunque no son agradables, pueden preocuparnos y ocupar tiempo de nuestro presente restándonos disfrute y asustándonos más de lo preciso.

Y para hablar de estas cuestiones prácticas, se me ocurrió contactar con **Teresa Dattari, creadora de la web "Mujer sin hijos"**, quién publicó hace un tiempo un artículo con puntos importantes a considerar para muestra vejez. Había hecho con ella un directo de Instagram sobre este tema y le pedí si quería compartir aquí con nosotras lo que pensaba sobre cómo ve ella este asunto.

Primero le pedí que contestara a algunas preguntas relacionadas con este miedo a envejecer sin hijos y después nos contara sus propuestas prácticas, y he decidido escribirlas tal cual me las envió.

Yo – ¿Crees que las mujeres tenemos el mismo miedo a envejecer sin hijos que los hombres?,¿por qué?

Teresa – La situación de estos dos últimos años ha dejado en evidencia el limitado soporte de los gobiernos a los programas de apoyo a las personas mayores. Si bien muchos gobiernos, instituciones y universidades han realizado una gran labor para para visibilizar al adulto mayor, en nuestra sociedad orientada a la familia, se espera que la familia, es decir hijos, se hagan cargo de sus padres, pero no se habla de los mayores que no tenemos hijos lo que nos mantiene invisibles y marginados e ignorados.

No manejo mucha información al respecto de los hombres, pero creo que el soporte económico es de vital importancia y en eso seguimos en desventaja con respecto a los hombres, lo que junto al dolor y la soledad se convierten en grandes temores que nos paralizan y no nos dejan pensar en cómo resolverlos.

La mayoría de nosotras evitamos pensar y planificar nuestros años mayores y eso nos mantiene viviendo en una incertidumbre que nos genera gran estrés y temor. Para muchas, las inversiones, administración de dinero, seguro de salud, testamento, funeral, son temas que evitamos abordar, pero es claro que muchas mujeres sin hijos estamos en desventaja frente a los hombres. Y si además no tienes pareja aumenta esa incertidumbre.

La vejez se ve como algo muy lejano y que podemos evitar con cirugías, ejercicio, alimentación, pero también sabemos que eso es un engaño, muchas de nosotras vamos a envejecer y en vez de cerrar los ojos considero necesario pensar en lo que será nuestra vida cuando no podamos vivir sin ayuda porque inevitablemente llega y más aún, cuando nos damos cuenta ya estamos de lleno dentro de los años mayores.

Yo – ¿Qué crees que hay detrás de ese miedo?

Teresa – Los comentarios despectivos hacia las personas mayores son recurrentes y no se "castigan" como los que apuntan al sexismo, racismo y homofobia. Por mucho que algunas iniciativas gubernamentales y empresas traten de generar respeto hacia los mayores, aún no se ven integradas a la psiquis de las personas. Las filas para adultos mayores en los supermercados no siempre se respetan, los estacionamientos para mayores tampoco, etc. es tanto el temor a envejecer porque además pasas a ser invisible para toda la sociedad.

Creo que lo que hay detrás es el miedo a sufrir a solas, porque finalmente todos vamos a morir, pero el miedo al dolor físico, la soledad y el aislamiento es a mi parecer lo que más se teme y si es en condiciones precarias más aún. Miedo a ser un estorbo en la vida de alguien incluso para los mismos cuidadores. Miedo a sentirnos aisladas. Leí un artículo que decía que "Existe también algo que no es mencionado y es la implicación de que por no haber tenido hijos (sin importar la circunstancia) los ancianos sin hijos se "merecen" que cualquier cosa nos suceda en la vida ya que "deberíamos" haberlo pensado antes, o simplemente no valemos para la sociedad porque estamos menos completos emocionalmente." Creo que puede ser una realidad, muy triste por lo demás y de un nivel vibratorio muy oscuro.

Propuestas prácticas

Envejecer ya es un gran tema, pero al envejecer sin hijos necesitamos pensar en nuestra futura vida. Qué apoyo requerimos en caso de que necesitemos atención en esos años futuros. Y no tan futuro en mi caso.

No podemos evitar el declive físico y mental naturales que vienen con la edad por lo que todos necesitamos prepararnos para vivir de la forma más independiente posible. De jóvenes nos creemos invencibles y siempre se puede postergar pensar en la vejez, pero el tiempo llega muy pronto y la precariedad económica y emocional te pueden golpear muy fuerte y paralizar si sientes que no tienes los recursos suficientes para enfrentar el desafío de envejecer sin hijos.

Lo primero es saber dónde te encuentras y definir hacia donde deseas llegar en cuanto a dinero, asuntos legales, salud y vivienda. Y para esto necesitamos sentarnos y clarificar con qué ayudas y beneficios contamos en la actualidad.

Investigar en nuestro país o si tienes posibilidad de elegir vivir en otro lugar, de ese lugar donde deseamos envejecer.

Te dejo 5 puntos que abarcan creo mucho del espectro a definir. Esto puedes revisarlo cada 5 años o cada 10 si eres joven:

- Crear una red de soporte: Un trabajo desde jóvenes es ir creando esa red de soporte emocional, legal y físico, no sólo con personas de nuestra edad, sino que también con más jóvenes para no perder el contacto intergeneracional y mantenernos vigentes y activas. Tener amigos y socializar nos mantiene con vida. Ampliar nuestra noción de familia a sobrinas y sobrinos, primos, amigos y vecinos. Entonces, amigos de todas las edades, un médico de cabecera idealmente geriatra, contador, abogado, cuidadores, buscar que organizaciones prestan soporte a los adultos mayores, etc. Primero investigar que existe en tu localidad y crear esa red con la que podremos contar cuando llegue el momento.

- Planificar nuestro patrimonio. El dinero no da la felicidad, pero la financia y para mí es muy cierto, nos genera seguridad y control y ante tanta incertidumbre considero importantísimo darle una gran mirada a este tema. Es parte de nuestros grandes temores al envejecer. Se ha visto que las pensiones no siempre serán suficientes para darnos una calidad de vida razonable y actualmente es cada vez mayor la calidad de adultos mayores que se mantienen trabajando para poder mantenerse financieramente. Si mi familia es longeva por lo que necesito pensar en cómo financiar mi vejez. Es necesario ponernos metas económicas. Hacer mi listado de ingresos y egresos. Saber en qué gasto mi dinero hoy. ¿Con qué ahorros cuento aparte de lo que ahorro legalmente para mi pensión? ¿Puedo comenzar a ahorrar? Con cuánto me puedo comprometer mensualmente. ¿Cuánto deseo ahorrar al año? Crear ahorros de emergencia, ahorros a largo plazo, a corto plazo. ¿Invertir en una vivienda, puedo? Creación de ingresos pasivos, puedo arrendar una habitación de mi casa, por ejemplo, escribir un libro, digitalizar mi conocimiento, etc. ¿A qué beneficios gubernamentales puedo acceder en mi país?

- Mantener mi salud. Si deseo poder tomar decisiones acerca de mi atención médica necesito mantenerme sana.
  - ¿Cuáles son las enfermedades familiares?, ¿cuáles son mis enfermedades?,
  - Entender que posibles padecimientos tendré al ir envejeciendo debido a mi historia familiar.
  - Realizarse controles médicos anuales, bianuales, quinquenales.
  - Alimentación, informarnos acerca de nuevas investigaciones acerca de los químicos usados en nuestra comida, los alérgenos, qué es mejor para mi cuerpo, etc.
  - No solo cuidar el cuerpo sino especialmente el cerebro.
  - Aprender idiomas, modificar mis recorridos habituales, usar mi otra mano, etc.
  - Socializar y mantenerse haciendo cosas, si me gusta mi trabajo puedo continuar a un ritmo más acorde a como me voy sintiendo.

- Planificar los temas legales.
  - ¿Quién nos podría ayudar si estamos en un momento de crisis?

- o ¿Qué sucederá si perdemos nuestras capacidades cognitivas?, ¿quién se hará cargo de las decisiones médicas?
- o ¿Qué sucede si entro en coma, deseo que me despierten, deseared que me revivan? No son temas que nos guste abordar, pero son necesarios.
- o ¿Qué pasará con mi mascota?
- o ¿A dónde irá a parar mi dinero si es que aún me queda?
- o ¿Quién lo heredará?
- o ¿Qué sucederá con mi pareja si no estamos casados? Cómo se beneficiaría de mi dinero, por ejemplo.
- o Crear un testamento, un poder general de administración a una persona de confianza, un listado de mis claves de todos los sitios donde me encuentro inscrita, listado y contacto de los seguros contratados y cuentas de bancos etc.

- ¿Dónde viviremos?
  - o Quisiera vivir de modo independiente lo más posible, pero ¿qué sucede si ya no soy autovalente?
  - o Definir si quiero vivir en una gran ciudad o en un lugar más pequeño o en un barrio donde todo me quede cerca y no deba tomar transporte.
  - o ¿Dónde es más fácil vivir?
  - o ¿Cómo accederé a las cosas?
  - o ¿Quiero vivir sola, en una casa de reposo, en un senior suite?

Actualmente existen grupos de personas que se están uniendo para vivir en comunidad y generar soporte entre ellas para los años mayores.

También puedes compartir tu vivienda, en inglés esto se llama cohousing. Si tienes una casa grande puedes rentar cuartos no solo a personas mayores sino también a personas más jóvenes en las que tengas una actividad en común diaria, por ejemplo, o puedes arrendarla y mudarte a un lugar más pequeño.

Es un listado grande y nos podemos sentir agobiadas, pero recomiendo hacer de a poco, por ejemplo, un punto de cada tema para empezar y a medida que nos vayamos amigando con el tema vamos agregando los siguientes puntos.

Comenzar escribiendo en una hoja todas tus decisiones, no en todos los países existe el testamento vital, pero déjalo por escrito si es que aún no te sientes en condiciones de hacer un testamento o conversar.

Sé que cuando somos jóvenes no pensamos en esto, vemos la vejez como algo muy lejano, pero cuando se van acercando los 50, la cosa empieza a cambiar, no porque ya seas una anciana, pero lo ves más cerca. Yo ahora tengo muy claro que la planificación de mi vejez es un tema que ya no puedo eludir. Eso no me va a hacer ni envejecer antes, ni vivir asustada, todo lo contrario, viviré tranquila, como cuando no lo pensaba, y cuando llegue seguiré tranquila porque todo aquello sobre lo que tenía control, estaba previsto.

Te animo a empezar a hacerlo poco a poco, al ritmo que mejor te venga, pero sobre todo si ya pasaste los 40, que empieces.

Bueno, hasta aquí el tema de envejecer sin hijos. No merece la pena empañar tu presente por este miedo o preocupación, pudiendo solucionarlo.

He realizado varias ediciones de un taller online grupal llamado "Claves para enfrentarte al miedo a envejecer sin hijos". En el momento de escribir este libro no tengo la certeza de hacer más ediciones con esa misma estructura, pero sí que lo transformaré en un programa que puedas hacer tú sola y a tu ritmo. Al final del libro te digo cómo estar al tanto de su lanzamiento.

CÓMO SABER SI QUIERES SER O NO MADRE

Y llegamos a un tema que, de hecho, es el punto de partida para llegar a ser una mujer sin hijos (por elección). Todas pasamos por él de una manera más o menos consciente y más o menos rápida: la decisión de ser o no ser madre.

Hay mujeres que ni se lo plantean porque se dejan arrastrar por lo que "toca" pero creo, o eso espero, que cada vez menos. De hecho, es una decisión tan importante, tan crucial y que va a cambiar tanto tu vida que no entiendo cómo no se habla más de ella.

Este capítulo está escrito especialmente para ti si aún no sabes si quieres o no ser madre.

Pero si, aunque no quieras, las dudas te invaden una y otra vez o estás intentándolo y no lo consigues y te planteas si seguir o no, también te puede venir bien su lectura.

Para cada una de las mujeres que no hemos sido madres, la toma de decisión ha sido diferente. Unas lo han tenido muy claro desde bien jovencitas, aunque creo que es el caso menos habitual, sobre todo para mujeres que nacimos en los 70. Nosotras crecimos viendo a nuestro alrededor como lo "normal" era ser mamá, y para los Reyes, cumples etc. nos regalaban muñecas a las que cuidábamos como si fueran bebés. Eso era lo que había, no hay culpables, simplemente hábitos, creencias y repeticiones. Otras han querido y no han podido, unas con más sufrimiento que otras. Y otras, como yo, no pensamos nunca en ello de manera seria, creyendo que llegaría de manera "natural" y dejamos pasar el tiempo sin sentir ese supuesto instinto que nos dicen que tenemos, más felices que unas perdices y, cuando las amigas, hermanas y hermanos empezaron a tener hijos y convivimos con niños, ahí sí que nos hicimos la gran pregunta y comprendimos que eso que estábamos esperando que se diera de manera natural, no se daría porque realmente nunca habíamos querido ser madres, simplemente posponíamos esa decisión porque de alguna manera ya estaba tomada.

Pero hay mujeres, quizás como tú, que dudan, dando vueltas al tema de ser o no ser madre como si de la obra de Shakespeare se tratara, sufriendo bastante y sintiéndose cada vez más confusas.

Aquí quiero hacer un inciso importante: dejar pasar el tiempo tiene sus riesgos y no te la recomiendo, sobre todo si alguna vez sí has pensado en la maternidad como una posibilidad. En mi caso, mirando atrás me doy cuenta de que me funcionó porque realmente ese dejar pasar el tiempo era porque no tenía ningún interés real, y según pasaban los años y disfrutaba más de mi forma de vida, esta sensación se reforzaba. Ahora bien, si yo hubiera tenido en algún momento, a lo largo de mis años reproductivos dudas recurrentes, puede que esta forma de enfrentar la situación me hubiera llevado a no poder ser madre si lo hubiera querido. Por eso, repito, si tienes dudas, dejar pasar el tiempo no las va a resolver, y sólo puede llevarte a que llegue el momento en que la decisión se tome sola y no precisamente la que tú quieras. Mi consejo es que busques ayuda para salir de esa duda cuanto antes, sobre todo si ya estás en los 30 y muchos. Con mi trabajo he visto cómo en unas semanas estas dudas se resuelven y las mujeres que he acompañado pueden seguir su vida sin la carga de esa cuestión sin resolver.

Dicho esto, y si eres de las que están dudando, lo siguiente que viene en este capítulo es para ti. Si no, puedes pasar al siguiente.

Ser o no ser madre es una decisión que, como toda decisión importante requiere un tiempo y sobre todo atención. No es algo que se pueda decidir en 5 minutos, si no, no lo estarías viviendo como un problema. La decisión de traer a un ser humano a este mundo no es como la decisión de comprarse un jersey rojo o verde, ni siquiera como la decisión de cambiar de trabajo o mudarte de país. Ahora bien, por difícil que pueda ser, si de verdad quieres decidir, mi consejo es que acotes un tiempo para ello porque si no, seguirás con esa carga hasta que la vida decida por ti, y entonces quizás te des cuenta de que has llegado a un lugar que no querías.

Sé que la estrategia de algunas mujeres es justamente esa: dejar pasar el tiempo, pero, como ya te he comentado al principio del capítulo, esto no funciona para todas, sobre todo si tú en algún momento has pensado seriamente en serlo.

Como digo, en ningún caso en el mejor plan y te explico por qué creo que no lo es:

Si en tu caso te inclinas más por no ser madre, puede parecerte que es una buena estrategia porque obviamente, aunque pase el tiempo y llegue el momento en el que ya no puedas serlo, ese es el final que tenías casi claro que deseabas, pero, te pregunto, ¿merece la pena pasar años sin estar segura al cien por cien?, ¿merece la pena que cuando te pregunten y respondas lo hagas aún con una vocecita que te dice "bueno, ya veremos"? Sinceramente creo que no, que con eso llevas una carga innecesaria que te resta tiempo y energía para centrarte en la vida que quieres vivir.

Si en tu caso, la balanza se inclina más hacia la maternidad, resulta más obvio que dejar pasar el tiempo solo puede hacer que tengas finalmente más dificultades para conseguirlo. La biología es la que es preciosura, y no la podemos negar. No estoy diciendo que, si tienes 30 y pocos ya estás tardando, para nada, de hecho, conozco mujeres que han sido madres pasados los 40, pero ya sabes que según cumplimos años, existen menos posibilidades. Pero más allá de eso ¿para qué prolongar una decisión que tienes casi tomada para la que solo necesites contemplar algunos aspectos con atención para reafirmarte en ella?

Tomar la decisión de ser madre no quiere decir que tengas que serlo al día siguiente, simplemente quiere decir que dejas de darle vueltas al tema y, cuando consideres que es el momento, ejecutas tu decisión, ¿me explico?

Si estás en ese lugar en el que están la mayoría de las mujeres a las que he acompañado, ese centro de la balanza en el que no te inclinas claramente por ninguno de los dos lados, ese limbo, ese lugar intermedio de la báscula que en este caso no indica equilibrio, sino confusión, te puedo asegurar por experiencia profesional, que dejar pasar el tiempo para que la decisión se manifieste como por arte de magia, es aún peor idea. Lo es por las mismas razones que he explicado antes y, además, en tu caso estoy segura de que la presión y la confusión es aún más grande porque encuentras un número de argumentos a favor y en contra para cada opción muy parecidos, sumiéndote aún más en la duda. Por cierto, la famosa estrategia de hacer listas de pros y contras no siempre sirve para esta decisión.

Sea cual sea tu caso, puede que lleves meses, incluso años dándole vueltas a tu decisión, bien porque crees que dejar pasar el tiempo es lo mejor, o bien porque crees, erróneamente, que decidir, sopesar, reflexionar es lo que estás haciendo, pero siento decirte que darle vueltas a algo no es decidir.

Darle vueltas a algo es rumiar, marear la perdiz o darle vueltas al coco, llámalo como quieras, pero no es reflexionar.

Reflexionar sobre algo implica pensar atenta y detenidamente en todos los aspectos que implica, para sacar conclusiones y cuando le damos vueltas a algo ni estamos atentas, ni lo hacemos con detenimiento, todo lo contrario: los pensamientos se agolpan uno detrás de otro sin tiempo para verlos con claridad, como si tuvieran vida propia.

Pero no te digo esto para que te sientas mal, es normal que no sepas hacerlo, no nos han enseñado ni a reflexionar ni a tomar decisiones tan importantes como esta. Nos han enseñado a dejar que las supuestas "normas" que indican lo que toca a cada edad decidan por nosotras, pero el resultado de hacer eso es o ser madre por presión, porque toca, con las consecuencias que eso implicará para ti y tu criatura o sentirte cada vez más confusa y agobiada creyendo que se resolverá por sí solo.

Así que, si es tu caso, si crees que estás dándole vueltas al coco y no reflexionando es hora de que te plantees hacerlo.

He pensado si sería útil o no explicarte el proceso, paso a paso, como si estuviéramos juntas en sesión, pero, como el tema del arrepentimiento o el miedo a envejecer sin hijos he llegado a la conclusión de que no es el lugar, por varios motivos. Primero porque este libro no se dirige solo a las mujeres que estáis tomando esa decisión, y segundo porque resumir en un capítulo un proceso que, según lo he estructurado, dura 6 semanas, es imposible.

Dicho esto, lo que sí puedo compartir son algunas ideas de por dónde empezar para allanar el camino y después poder tomar tu decisión.

¿Por dónde empezar?

Primero, y lo más importante es que te preguntes si este es el mejor momento para ti. No siempre estamos en un buen momento, bien porque tenemos otros temas prioritarios, porque estamos atravesando algún problema personal o familiar, tenemos estrés, etc.

Cuidado, no uses esto para de nuevo, dejar pasar el tiempo y volver a darle vueltas al tema. A lo que me refiero es a que si eliges este momento que sea porque de verdad vas a estar concentrada en eso ya que si tienes muchos frentes abiertos no vas a tener energía para este tema e incluso puede que emocionalmente te sientas mal y eso influya en tu decisión. Recuerda que reflexionar implica atención y calma, así que necesitas buscarla.

Si estás muy atascada te diría que comiences a escribir todo lo que se te pase por la cabeza sobre esta decisión, todo. Así soltarás peso y podrás ver qué aspectos debes sopesar.

Una vez los tengas, intenta colocarlos por temas: los aspectos que están a favor de cada una de las opciones que sopesas y los que están en contra. Quizás ya con esto veas claridad. Como he dicho antes, esta no es la manera de tomar una buena decisión, desde luego, no esta decisión, pero ten en cuenta que aquí, en este punto aún no la estás tomando, simplemente estás vaciando tu cabeza, preparándote para enfrentarte a la decisión más despejada, ¿de acuerdo?

Seguro que muchas de las cosas que salen son creencias. Es importante que te las cuestiones.

Insisto, este es un trabajo previo que puedes hacer si estás muy agobiada, que te ayudará a preparar el terreno para que después puedas tomar tu decisión.

En el momento de publicar este libro estoy barajando la idea de adaptar mi programa de acompañamiento individual de 6 semanas "Ser o no ser madre: encuentra tu verdadero deseo para elegir con libertad" a formato libro-guía para que puedas hacerlo tú sola. Si crees que te serviría, házmelo saber a través de los canales que te indico al final del libro.

LA AMISTAD CUANDO TUS AMIGAS SON MADRES

Este es un tema que despierta muchos sentimientos ya que cuando una amiga es madre y tú no, se produce un cambio en la relación e incluso, en ocasiones, una ruptura, temporal o definitiva, buscada o no.

Si tú mantienes una magnífica amistad con tus amigas que han sido madres, en la que nada ha cambiado, enhorabuena, este capítulo puede que no sea para ti.

Este capítulo es para ti si eres de las mujeres que, aun manteniendo la amistad con tus amigas madres, ha significado para ti un reto conservarla, o has perdido amistades y lo has pasado mal o lo estás pasando mal ahora y también te servirá si eres de las que están acercándose a esta etapa en la que todas tus amigas empiezan a ser madres.

Son bastantes las mujeres que me han escrito para contarme cómo se han sentido cuando su amistad con quiénes antes compartían reuniones, salidas, charlas se ha visto interrumpida o transformada por la maternidad de su amiga.

Creo que todas comprendemos que la vida de una mujer con hijos es diferente a la nuestra, que cambian sus prioridades y por lo tanto la manera de utilizar su tiempo y creo también, que la mayoría de nosotras estamos dispuestas a adaptarnos a su nueva vida modificando la forma de relacionarnos.

El problema viene cuando esa adaptación significa una renuncia continua por tu parte, cuando siempre eres tú la que te adaptas, comprendes, escuchas y a cambio no recibes ni un poco de atención, cuando en todas y cada una de vuestras conversaciones, solo se puede hablar de pañales, noches sin dormir o dolor de pezones por amamantar o, peor aún, cuando recibes cero interés al contar tus vivencias o tus problemas o estos son ninguneados al compararse, como si de una carrera de quién sufre más se tratase, con los suyos, dejando bastante claro a veces, que te quejas por tonterías. Y ahí es dónde te preguntas qué ha pasado con esa amiga que antes era capaz de comprenderte y para quién las cosas que tu compartes eran también propias, y comprensibles y ahora parecen la absurdez más enorme del mundo sólo porque ella está en otro punto. A veces puedes sentir que la empatía sólo fuera aplicable en una dirección y para ciertos temas.

Por supuesto estoy fijándome en la posibilidad más extrema, no siempre es así. La mayoría de las veces conseguimos mantener las amistades, con cambios, eso sí, pero las conservamos disfrutando de lo que podemos y esperando a que sus hijos o hijas abandonen el nido o se hagan más autónomos, para poder retomar la amistad como era antes

Partiendo de la base de que la amistad va a cambiar, y si aún no has pasado por ese momento en el que todas tus amigas empiezan a traer bebés al mundo, eso es lo primero que quiero que tengas clarísimo. Hecha esta aclaración, vamos a ver algunas posibilidades de lo que podría pasar para que, si estás en ello puedas comprender y decidir qué hacer, si aún no lo estás, te prepares y si, como yo, ya lo has pasado, puedas quizás, sacar algún aprendizaje de lo que viviste o, simplemente, sonreír al recordar (o cabrearte, que no voy a decirte yo cómo tienes que sentirte)

Te cuento que he decidido darle un toque un poco humorístico al tema, no porque subestime tus sentimientos, nada más lejos de mi intención, sino para no añadirle un drama innecesario y poder ver la situación desde otro punto. Para que veas que no trato de frivolizar, tanto en este capítulo como en el de la soledad, compartiré algunas sugerencias para poder transitar esas emociones sin que te hagan más daño.

Empiezan los cambios: tu amiga está embarazada

Cuando una amiga te anuncia que está embarazada pueden ocurrir varias cosas: si tú tienes claro que no quieres hijos o al menos no aún, puede que lo vivas como yo lo hice "se acabó la fiesta". Si, eso sentí yo, y no es que no me alegrara de la felicidad de la amiga que me comentaba que estaba esperando un bebé, sino que sabía que esa personita sería su centro, y la amistad cambiaría con total seguridad. Y si tú quieres, pero estás teniendo dificultades, o ya sabes que no puedes, aquí puede caerte como una bomba en que te preguntas ¿por qué yo no? y puedes sentirte además de triste, enfadada.

En cualquier caso, querida mía, nos metemos en terreno totalmente desconocido, a veces pantanoso, en el que hasta el lenguaje cambia.

Como dice la escritora Caroline Donofrio en un artículo,

> *"el que una amiga se quede embarazada es comparable con que se mude a un país del que no conoces la lengua ni los códigos".*

Me parece una descripción muy acertada, la verdad. Tu amiga empezará a hablarte de pruebas, molestias y transformaciones corporales varias, que tú no podrás entender y que, a veces puede incluso que refuercen más tus ganas de seguir sin hijos.

Ya llegó su retoño: el verdadero desafío empieza aquí

Voy a compartir algo real que me pasó con una amiga. Ella es madre por encima de todo, por delante de su profesión, de sus necesidades incluso. En fin, te imaginas que, con este panorama, quedar a comer o tomar un café, es, a día de hoy mientras escribo, un imposible, pero, es más, incluso hablar por WhatsApp, algo que hacíamos antes prácticamente a diario, parece que también lo es. Y esto es lo que me molestaba a veces porque no paraba de pensar ¿de verdad no tiene 5 minutos para enviarme un audio?, ¿no tiene 5 minutos para escuchar el mío (cómo hacía cuando su hijo era más bebé) y contestarme en un momento que pueda?

Estas preguntas me tenían a ratos enfadada, a ratos dolida. Sentía que, si no quería perder la amistad, era yo la que tenía que insistir y, créeme que entiendo que en esto de la amistad hay momentos en los que una da más que otra, y no pasa nada, pero es que últimamente había notado que las respuestas a lo que yo le contaba no sólo eran más cortas que antes, sino que a veces me parecían respuestas por quedar bien, esas que se suelen dar cuando no se ha escuchado con atención e interés.

Me di cuenta de que, si me dejaba guiar por esa mezcla de enfado y tristeza, podría tomar una decisión de la que me arrepentiría después, así que decidí tomarme un momento para sentir y ver qué estaba pasando.

Lo primero, y creo que básico, fue darme el permiso de sentirme así. Sí, parece una tontería, pero en otras ocasiones yo misma me había reprochado no ser yo la que estuviera en contacto porque "bueno, la pobre no duerme" o cualquier excusa para justificar que esa amiga no se preocupara por mí y que debía ser yo que en teoría tengo más tiempo (fíjate el estereotipo que estaba entrando en acción) la que llamase. Así que permitirme sentirme como me sentía, sin excusas, ya era un cambio.

Una vez que acepté que tengo derecho a sentirme decepcionada, triste y enfadada, pensé lo más fría y objetivamente que pude en la situación y me di cuenta de algunas cosas, que ya sabía, pero que no quería reconocer y que creo que son muy importantes si tenemos amigas con hijos. Parecen obvias, pero creo que, en medio del cabreo o la molestia, se nos olvidan:

- No somos su prioridad. Su prioridad es su hijo o hija y todo lo que pasa alrededor de su maternidad.

- Es posible que, ahora mismo no comprenda nuestros problemas, preocupaciones, retos, como tú y yo no comprendemos ni una palabra de biberones, pañales, etc. o no le importen, como a ti y a mí, seamos sinceras, probablemente no nos importan sus andanzas con sacaleches y otras historias.

- Y si conseguimos quedar con esa amiga, no podrá escucharnos con la atención que merecemos si tratamos de contarle algo mientras está con su retoño, ¡imposible! No parará de interrumpirnos a cada momento, es un hecho. Así que, si quieres contarle algo que para ti es muy importante, trata de quedar con ella a solas, y cruza los dedos para que pueda.

Con esto en mente, no te digo que la tristeza y la decepción se pase del todo, pero se suaviza, y el enfado se desvanecerá, sobre todo si te das cuenta de algo que, al menos a mí, me quedó muy claro y es la distinción entre la amistad con una mujer que ha tenido un bebé y serlo con alguien que solo es madre. Para mí la amistad con una mujer *que solo es madre* es imposible en este momento de su vida.

Fíjate lo que enfatizo *"que solo es madre"*. ¿Creo que podemos ser amigas de mujeres que tienen hijos? Sí. ¿Dónde está la diferencia? Para mí, una "mujer que solo es madre" es una mujer que ha abandonado absolutamente todo, hasta se ha colocado ella en último lugar, para sumergirse en su maternidad, y una "mujer que tiene un hijo/a", sigue siendo muchas otras cosas porque no se ha olvidado de ella.

Yo he sido capaz de relacionarme con mis otras amigas cuando han tenido hijos, adaptándome a sus ritmos, cuando me ha apetecido, y aceptando que ahora tenían esa faceta más en sus vidas. Pero creo que una mujer que ha decidido apartarse del mundo durante un tiempo para dedicarse en cuerpo y alma a su maternidad no tiene puntos en común conmigo mientras esté inmersa en ese proceso. Y esto me da paz. ¿La quiero menos? Para nada. Me conformo con el poco contacto que tenemos, ya no me creo expectativas de que sea diferente, y esto pasa por despedirse de la amiga que era antes, de la amistad que ya no es, y aceptar lo que ahora es sin cerrarse a la posibilidad de que en un futuro podamos continuar desde el punto en el que nos encontremos cada una.

Te invito a que, si te está pasando algo parecido te replantees estas posibilidades, para ver a dónde te llevan. Quizás, como a mí, te dé un poco de paz el plantearte la probabilidad de que no se trata de que tu amiga no te quiera, o ya no le importes, sino que sus prioridades han cambiado y el tiempo que tiene, ha elegido dedicarlo a su bebé y a las cosas relacionadas con su maternidad. Y puede que, cuando salgan de ese mundo que las absorbe, si lo hacen, podamos volver a compartir más tiempo. Eso sí, no olvides que lo que sea que sientas, está bien, tienes derecho a sentirlo y, por favor, no uses esta opción de ver la situación desde otra perspectiva, como modo de justificarte para hacer cosas que tú no quieras hacer en este momento, como llamarla si realmente no te apetece.

En cualquier caso, siempre que hay un cambio va a haber un pequeño duelo por lo que perdemos, vamos a tener que atravesar emociones incómodas, que más nos vale aprender a gestionar, como la tristeza, el enfado e incluso, en el peor de los casos, puede que tengas que enfrentarte a la soledad. No voy a decir que suceda siempre, pero algunas de las mujeres a las que he acompañado a lo largo de estos años, e incluso quienes me escriben, me han confesado más de una que se sentían muy solas al ser abandonadas (fíjate en la palabra que ellas mismas emplean) por sus amigas al ser madres.

Por si es tu caso, a la soledad le dedico el capítulo siguiente

LA SOLEDAD

Antes de entrar en materia, me gustaría empezar aclarando las razones por las que la soledad es un sentimiento tan doloroso para algunas mujeres. Así, si es tu caso quizás el comprender por qué se produce, te dé cierta perspectiva y puedas empezar a aprender a gestionarlo.

Se ha demostrado con estudios de resonancia magnética que efectivamente la soledad duele y es un estresor. ¿Por qué? La explicación está en nuestros ancestros. Tengamos en cuenta que hace millones de años, estar sola era una sentencia de muerte. Necesitábamos al grupo para literalmente sobrevivir y nuestro cerebro tiene aún ese cableado que le dice que estar sola es igual a muerte. Nuestro cerebro no ha tenido mucho tiempo para adaptarse a un mundo en el que la seguridad está garantizada y sigue viendo el estar solo como una amenaza, ¿Y cómo responde nuestro cerebro a una amenaza? con dolor.

Ahora bien, en un mundo en el que la soledad ya no implica un peligro de muerte, esta emoción, como tantas otras, sigue vigente porque hay situaciones que de alguna manera le hacen creer a nuestro cerebro que estamos en peligro y, como al cerebro no le ha dado tiempo a evolucionar tan rápido como lo ha hecho la sociedad y su función sigue siendo la de protegernos para que sobrevivamos, siguen apareciendo. Él cumple su función: protegernos, aunque la situación ya no implique un peligro real.

Espero que esta explicación sencilla haya quedado clara. Sobre todo, me gustaría que te sirviera para que cuando te sientes sola y lo pasas mal, veas que no hay ningún fallo en ti, que tu cerebro responde exactamente como debe, que cumple su función.

Ten en cuenta que una cosa es comprender esto para evitar culparte y generarte más dolor y más emociones a las que enfrentarte, y otra cosa es pretender que con entenderlo ya no vas a sentirte mal o justificar que esto es lo que hace tu cerebro y tú no puedes hacer nada. Puedes hacer, por supuesto, pero antes de meternos en eso necesito hablarte de la diferencia entre aislamiento social y la sensación de soledad.

El aislamiento social es algo que se puede medir a través de la cantidad de personas con las que interactúas. La soledad, sin embargo, es una sensación subjetiva, no se puede medir solo se puede sentir.

Dicho esto, el nivel de sensación de soledad que sientas tú puede ser muy diferente al que sienta yo con un aislamiento social parecido. Me explico, puede que yo con ver a dos personas a la semana esté más feliz que una perdiz, y que tú, con eso, ya te sientas sola porque necesites interactuar cada día con alguien. ¿De qué depende esto? de nuestro nivel de introversión o extroversión básicamente. A mayor extroversión, mayor necesidad de contacto y al revés. Y, por tanto, si el nivel de contacto e interacción social que necesitas es menor que el que tienes, ¡aquí aparece el sentimiento de soledad!

Una vez aclarado esto, creo que es muy importante distinguir, si ese aislamiento es impuesto, y más adelante te explicaré a qué me refiero, o si lo has escogido tú.

Puede parecerte obvio que no son lo mismo, pero no lo es tanto para todas, de hecho, es algo que he observado en mi acompañamiento a mujeres sin hijos que querían superar este tema.

Aunque la sensación sea la misma, el motivo no lo es, y descubriendo cuál es podemos darnos cuenta de que podemos escoger otra manera de sentirnos.

Me explico: no es lo mismo que estés realmente sola porque tu amiga ha sido madre y, por mucho que lo has intentado nunca quiere o puede quedar, en cuyo caso podríamos hablar de un aislamiento impuesto por tu amiga, a que tú, tras ese panorama seas la que no quiere quedar y conscientemente o no, hayas decidido alejarte hasta que la situación cambie. Es decir, aquí tu aislamiento lo has escogido tú.

En ambos casos puedes sentirte sola, es muy normal, ya que podemos sentir soledad cuando una situación o relación a la que estábamos acostumbradas y con la que disfrutamos cambia o se termina, así que, ¿cómo no vas a sentir soledad al separarte, aunque sea por un tiempo y aunque sea elegido, de una amiga con la que antes compartías todo? Y por supuesto que la sentirás cuando es tu amiga la que te aparta, conscientemente o no.

Pero hay una diferencia para mí fundamental, y es que, cuando la soledad es impuesta, es decir, cuando es tu amiga la que te ha dejado sola, además de soledad puedes sentir enfado, tristeza, sensación de incomprensión, abandono, rechazo...

Sin embargo, si eres tú la que has escogido, aún sin haberlo hecho de una manera meditada, el apartarte, la cosa cambia, porque no es lo mismo sentirse abandonada o rechazada, que optar por alejarse de alguien, porque ya no disfrutamos de su compañía, al menos de momento. En este caso, tú eres la que decides, la que tienes el poder y lo usas. En el otro caso eres una víctima.

Las emociones que surgen de esa soledad son diferentes, por lo tanto, no te enfrentas a lo mismo.

Mi propuesta es que seas completamente honesta contigo misma y te plantees:

- Si has sido tú las que te has apartado de la relación, o ha sido tu amiga la que te ha alejado de ella.

- Si te das cuenta de que ha sido tu amiga, es decir, que realmente estás sola porque te ha dejado sola, aquí hay que entrar en otros temas, como la sensación de rechazo, de abandono... y otras cuestiones que necesitarás trabajar para empezar a sentirte mejor.

- Si has sido tú, la que, aunque lo hayas hecho sin pensarlo, se ha ido apartando, el abordaje es muy diferente ya que, aunque puedas pasar un tiempo sintiendo algo de soledad, el reconocimiento de que tú has cuidado de ti tomando la decisión que te parecía más coherente contigo misma, te colocará en un lugar muy diferente.

Así que te invito a que, si no lo tienes 100% claro, reflexiones sobre si esa soledad que sientes viene de algo impuesto o de algo escogido (aunque repito, lo hayas hecho casi sin darte cuenta). Y para ayudarte a reflexionar, quizás te sirva preguntarte cosas como

- ¿Es mi amiga la que ha ido poniendo tierra por medio con excusas o he sido yo?
- ¿Realmente mi amiga es la que no quiere quedar o soy yo?
- Cuando he quedado ¿he disfrutado?, ¿por qué no?

Y así puede que te des cuenta de que quizás ha sido más decisión tuya de lo que te estabas reconociendo.

Si es así, permítete llorar si quieres por esa amistad que ahora mismo no puede ser como a ti te gustaría, y que tampoco sabes si volverá a ser cómo antes, pero desde un lugar de respeto por ti misma, coherencia y cuidado.

Y si te das cuenta o te reafirmas en que tu soledad viene porque tu amiga realmente te ha dejado sola, te ha abandonado, entonces necesitarás trabajar esas otras emociones.

No puedo entrar en cada una de ellas, porque no es la temática de este libro, pero sí me gustaría detenerme un poco en el tema de abandono ya que, en el tema de esa soledad impuesta que hablaba antes y que a veces algunas mujeres sufren es lo que subyace en el fondo.

Esta soledad impuesta, esa soledad que tú no has elegido se suele vivir de una manera negativa y lleva consigo sentimientos de desamparo, incluso puede vivirse como una especie de castigo a todas luces injusto.

Si realmente estás sola porque todas tus amigas que ha sido madre (o quién sea, porque realmente esto es aplicable a cualquier relación humana) te ha abandonado es muy importante que hagas todo lo posible para salir de esa situación, que hagas todo lo posible por encontrar nuevos grupos, y antes de que dejes de leer, te pido un poco de paciencia y confianza, porque te voy a explicar por qué esto es crucial y te voy a sugerir maneras.

Es importante salir de esa soledad porque existen estudios que demuestran que las personas que están socialmente aisladas desarrollan cambios en sus sistemas inmunológicos, que provocan una condición conocida como inflamación crónica, que no sé si has escuchado alguna vez, pero que está bajo muchas de las enfermedades de hoy en día.

Además, a nivel emocional la soledad impuesta, tiene asociadas patologías como la depresión, el estrés, la ansiedad y la falta de autoestima.

Vamos, que según parece la soledad nos enferma a todos los niveles.

No te cuento esto para que te sientas aún peor, sino para que te des cuenta de que necesitas salir de ahí sea como sea. Mi intención es que al darte cuenta de las consecuencias tan poco deseables que puede acarrear el aislarte, te sirva de motor para hacer todo lo que esté en tu mano.

Y puedes decirme, sí Pilar, muy bien, pero no es tan fácil encontrar amistades nuevas. Y te diré, claro que no lo es, pero todo depende de qué nivel de amistad estés buscando. Si buscas llegar a tener amigas del alma, amigas íntimas como esas que acabas de perder, al menos de momento, puede que no lo consigas, o no ahora mismo, porque esas amistades se fraguaron quizás desde tu infancia o tu adolescencia, es decir que, llevas años cultivándolas y no puedes pretender conocer a alguien y que en un par de meses la relación sea como la que tenías con tus amigas de siempre. Esto es fundamental que lo tengas en cuenta. Pero hay más, y es que para salir de la soledad no necesitamos que las personas con las que nos relacionemos sean amigas del corazón, basta con que sean personas con las que podamos pasar un rato agradable, salir a tomarnos un café o charlar por teléfono, y esto, ese nivel de amistad no requiere años. El simple hecho de tener a alguien con quien charlar de cosas cotidianas, ya nos saca de esa soledad. ¿No te ha pasado de tener un mal día y salir a comprar algo y el ratito que hablas con la dependienta hacerte sentir mejor? Y no es una amiga, ni siquiera una conocida.

¿Qué puedes hacer?

- Si trabajas con más personas, podrías dedicarle más atención a esos momentos de café que pasas con algunas de tus compañeras. Quizás veas puntos en común, temas que os interesan a ambas y desde ahí puedas ver si merece la pena ir cultivando más esa relación. Muchas amistades se han forjado en el trabajo. Si no, el simple hecho de estar charlando un rato mientras hacéis un descanso o tomáis un café, ya es interactuar, que es de lo que se trata.

- Si, como yo, trabajas sola, es aún más importante que te tomes este tema con mucha atención, te aseguro que es muy fácil aislarse socialmente, como hice yo, y que las consecuencias no son nada agradables. ¿Qué puedes hacer entonces?: busca qué actividades te gustan que se hagan en grupo y apúntate a alguna, lo que sea. Así conocerás mujeres que ya de entrada tendrán tu mismo interés y por lo tanto un punto en común desde dónde empezar a cultivar una posible amistad.

- Cuando conociste a tus amigas, seguro que lo hiciste sin planificación en sitios o circunstancias diferentes y sin expectativas, así que eres capaz de volver a conocer a nuevas amigas. Y, recuerda, tampoco entonces sabías si ibais a ser amigas para toda la vida, tan solo compartías momentos e ibas viendo, ¿cierto? pues eso también lo puedes hacer ahora.

Las amistades se forjan a fuego lento, es un camino que se va creando al andar.

Quítate la presión de conocer a la amiga perfecta, a la amiga para toda la vida, este es un ideal que no siempre se cumple, como quizás has visto y, además, como ya hemos visto, no es necesario para salir del aislamiento, basta con pasar buenos momentos con personas que sean de tu agrado.

SER TÍA Y SER PANK, ¿SON LO MISMO?

Si no tienes sobrinos, ni los vas a tener, quizás este capítulo no es para ti, pero si decides leerlo, espero que lo hagas textualmente y que no quieras leer entre líneas cosas que no he escrito y ni siquiera pienso. ¿Por qué digo esto?

Recuerdo que una vez dije que *para mí la mejor opción* (repito, para mí, y opción, recuerda estas palabras por favor) era ser tía, que lo prefería mil veces a ser madre y una mujer que me seguía por Instagram me escribió un mensaje privado acusándome de ser como las madres que decían que serlo era lo mejor del mundo y que si no tenías sobrinos entonces ¿es que no sabían lo que era el amor?

Me quedé perpleja y, sinceramente, me dolió que me escribiera para acusarme de algo que ni siquiera había insinuado. Simplemente había dicho que de las dos opciones de las que estaba hablando en ese post en concreto: ser madre o ser tía, yo estaba segura de que la mejor para mí era la primera y di mis razones. En ningún momento dije algo parecido a que ser tía fuera lo mejor del mundo o que si no lo eres te estés perdiendo algo, Jamás diría algo así, y quién me conoce desde hace tiempo lo sabe. Creo que las generalizaciones hacen mucho daño y yo pongo mucha atención en no hacerlas.

A mí, si una mujer dice "entre ser madre y no serlo, lo primero es la mejor opción para mí" no me molesta en absoluto porque está hablando de su elección, no está diciendo que sea lo mejor de la vida para todas, ¿entiendes lo que digo?

Además, ser tía, según yo lo veo, no es algo de lo que podamos sentirnos orgullosas, porque no es mérito nuestro serlo, nosotras no lo elegimos, nos hacen tías. Lo que podemos sentir, en todo caso, es agradecimiento. Y yo, al menos, sí que agradezco tener unas sobrinas con las que paso tiempo y disfruto desde que nacieron.

Tu experiencia puede ser diferente porque no tengas o no veas a tus sobrinos, de hecho, yo solo tengo contacto ahora con dos de ellos y no hay nada que yo pueda hacer al respecto.

Dejando de lado a quiénes todo se lo van a tomar a mal, es cierto que, hay veces que este tema de la no maternidad y lo que significa ser tía, no siempre se ha tratado con neutralidad y la prensa ha creado algunos clichés.

Tópicos asociados a las mujeres sin hijos que dicen algo así como que las que somos tías, todas, somos unas mujeres amantes de nuestros sobrinos, que pasamos mucho tiempo con ellas o ellos, que les damos todos los caprichos e incluso que colaboramos con su crianza, formando una especie de "tribu" con nuestras hermanas y hermanos para su educación y cuidado.

El problema es que esto es una generalización y lo que tienen las generalizaciones es que siempre hay alguien que se queda fuera de ellas y puede sentirse excluida e incluso, depende la persona, molesta. Hablar de mujeres que compartimos una situación vital (ser tías) como si todas la viviéramos de la misma manera, conlleva que se empiecen a generar una serie de estereotipos que al final, molestan, hieren susceptibilidades y crean conflictos donde no lo hay.

Esa imagen de tía tan estereotipada que se ha difundido viene de la creación del término PANK (Professional aunt no kids, o tías profesionales sin hijos) por Melanie Notkin. Tenemos esa tendencia a inventar palabras que traten de explicar situaciones vitales que, si bien tienen cosas en común, no son idénticas y esto, aunque facilita la denominación de un grupo, como todo lo que intenta globalizar, tiene sus excepciones.

El término PANK fue creado, como te decía, por Melanie Notkin en el año 2007, una canadiense experta en marketing, soltera y sin hijos que un día fue a buscar un regalo para sus sobrinos y no sabía qué podría gustarles. Como muchas de nosotras no tenía ni idea de las inquietudes de los niños. Entonces pensó que debía haber más mujeres en su misma situación y creó una comunidad digital de tías a las que les gusta sorprender a sus sobrinos con planes chulos y la llamó Savvy Auntie, que fue y sigue siendo, todo un éxito

Y así empezó el movimiento PANK, porque eso es en lo que, al menos en Estados Unidos, se ha convertido.

Entre las definiciones que existen de las PANK, compartiré la de la propia creadora: "pueden ser cuidadoras secundarias que brindan regalos emocionales, financieros y materiales, eso sin mencionar el tiempo de calidad e influencia positiva"

En esta definición, ella también incluye a las mujeres que se convierten en tías no por un lazo sanguíneo, sino porque sus mejores amigas hacen que sus hijos las llamen tías y se las involucra en su vida.

Ya en la propia definición, veo algunos puntos que hacen que no todas encajemos: cuidadoras secundarias e influencia positiva. No todas las tías cuidan a sus sobrinos ni son una influencia positiva, pero claro, recuerda que estamos hablando de un tipo de tía muy concreta, de una Pank, y que es un término inventado para incluir a un grupo de mujeres con unas características muy concretas.

Hay algo en cómo describe Melanie a las PANK que, para mí explica todo este halo de exclusividad que se ha creado alrededor del término, y es que, según Notkin, las tías PANK son las mujeres que más ayudan a la sociedad, ya que disfrutan haciendo servicios a la comunidad, obras de caridad o voluntariado en un 57% frente al 48% de la mujer promedio.

Esto ya nos indica el nivel económico de las mujeres que cabrían en esta definición. En Estados Unidos en un estudio de 2011 se llegó a la conclusión de que 1 de cada 5 mujeres eran PANK. Quién sabe las que sean ahora. No he podido encontrar ningún estudio, que nos diga cuántas somos en España.

En España el movimiento PANK, tal como es en Estados Unidos, no ha calado mucho, aunque hubo un intento que más adelante te cuento, y, por lo que he podido averiguar, tampoco lo ha hecho en otros países ni latinoamericanos ni europeos. Prácticamente todo lo que se encuentra son publicaciones traducidas de otras extranjeras, refritos varios sobre lo mismo, sin tener en cuenta las características de las Pank en España u otros países, y eso ha hecho que no nos sintiéramos identificadas.

Fuera de la definición de la creadora del movimiento, si buscamos información sobre las PANK nos encontramos con una serie de artículos que hacen un retrato muy estereotipado e irreal de las mujeres que no somos madres, pero sí tías, sobre todo esos que hablan de cómo tal o cual famosa es una Pank que se ha gastado no sé cuánto dinero en su sobrina comprándole un Dior. No quiero decir que esas mujeres no sean PANK, el problema es que en la inmensa mayoría de los artículos sólo se habla de esas tías que tienen mucho dinero y hemos llegado a relacionar ser una "tía profesional sin hijos" con "ser una tía con mucho dinero" y no es así queridas mías.

Quizás es que nos hemos empeñado, no sé por qué, en relacionar "profesional" con "ganar mucho dinero" y ya me dirás qué tiene que ver una cosa con otra. Es cierto, que el hecho de que la creadora del movimiento diga que son mujeres que ayudan a la sociedad, se ha podido interpretar como que gastan enormes cantidades de dinero en obras benéficas, tipo "And Just like that", ya sabes, la secuela de "Sexo en Nueva York", pero yo creo que puedes contribuir de muchas maneras, siendo una trabajadora media.

En esta tendencia a relacionar "professional aunt" (tía profesional) con mujer con mucho dinero, creo que también influye que los artículos que hablan sobre el tema añaden a la traducción de la palabra "tías profesionales sin hijos" frases como "mujeres de éxito", "mujeres con ingresos muy por encima de la media" además de imágenes de famosas actrices de Hollywood o mujeres reconocidas internacionalmente por distintos motivos, para referirse a esa característica de "profesionales" y, claro, así no hay quién se sienta identificada, ¿no crees?

Y aquí yo, que tengo tendencia a reflexionar, sobre todo, me pregunto, ¿acaso ser profesional es un atributo exclusivo de las mujeres de "éxito", o de las que ganan muchísimo dinero?, es más, ¿tener éxito es siempre sinónimo de ganar mucho dinero? Para algunas de nosotras "éxito" será ganar mucho dinero y para otras será trabajar sin jefe llevando una pequeña marca en la que tú te lo guisas y tú te lo comes, o hacer pan con tus propias manos y venderlo porque con eso te sientes feliz, por poner un ejemplo. El éxito tiene que ver con tus valores y tiene significados muy diferentes según la persona. Por otro lado, lo de tener ingresos muy superiores a la media, de nuevo lo mismo, ¿qué tiene que ver ser profesional con la cantidad de dinero que ganes?, en fin, creo que ya ves a lo que me refiero, ¿no?

Según yo lo veo, si simplemente nos ceñimos a la traducción,

somos PANK todas las mujeres sin hijos, pero con sobrinos
(o niños muy cercanos) que nos ganamos la vida, es decir
trabajamos y ganamos nuestro dinero, y nos gastamos
dinero, el que sea, en ellos.

Otro punto que me molesta de esto es el tema de la edad. En la mayoría de las publicaciones se refieren a mujeres jóvenes, incluso muy jóvenes, pero no olvidemos que muchas de nosotras, ya hemos pasado los 50, y ¿somos menos tías?, ¿somos menos PANK? Aquí podríamos hablar de otro asunto muy relevante para nosotras: la edad y sus estereotipos y cómo a partir de cierto número parece que no existiéramos, pero ese no es el tema de este libro.

En definitiva, si eres una mujer sin hijos, tengas pareja o no, que trabajas y te gusta pasar tiempo con tus sobrinos y gastarte dinero en ellos, sea cual sea la cantidad, puedes identificarte, si te apetece, como una PANK. Los demás son añadidos. Otra cosa es que quieras hacerlo, es decir, a mí no me importa ser simplemente tía, y yo particularmente no me siento definida por este movimiento, pero entiendo y respeto a quién sí, y por eso te lo quería contar.

Como te comentaba antes, en España hubo una persona, Cati Hernández, que inició en 2016, una comunidad de PANKs (tías y tíos) donde compartía consejos sobre educación, salud, ocio etc. para las tías interesadas en saber más sobre cómo educar a sus sobrinos, qué juguetes les ayudan en su desarrollo, o cómo actuar ante la fiebre de tu sobrino, por ejemplo. El blog se llama, porque aún existe, aunque ya no se actualiza, Born To Be Pank y, si te sientes identificada con este concepto de tía, te invito a visitarlo.

En definitiva, poco importa si te identificas o no con el término o prefieres seguir siendo la tía de toda la vida. Aquí lo importante, como siempre, es cómo tú te sientas: si te hace bien sentirte parte de un movimiento, genial y si prefieres ir por libre, pues genial también.

MUJERES QUE QUISIERON SER MADRE Y NO PUDIERON. CUANDO QUERER NO ES SIEMPRE PODER

Y llegando ya casi al capítulo final, he querido dedicar este a todas las mujeres que desearon o desean ser madres y, aún con mucho esfuerzo e incluso sufrimiento no solo emocional, no lo consiguieron o no lo conseguirán. Y lo he dejado para el final, no porque me parezca menos importante hablar de esta circunstancia, sino porque es un tema delicado que no domino ni por experiencia personal, ya que nunca experimenté querer hijos y no poder tenerlos, ni profesional y sinceramente, dudé si incluirlo.

Es cierto que he acompañado a mujeres, que quisieron ser madres, a trabajar en distintos objetivos vitales, a sentirse más plenas y satisfechas, pero todas han pasado el duelo. Es una condición indispensable para trabajar juntas, ya que no soy experta en duelo.

Por muy empática que sea, por mucho que lleve años trabajando en mi crecimiento personal, por muchas formaciones que haya realizado, no puedo decir que comprendo por lo que has pasado si estás viviendo esta situación. Puedo imaginarme el dolor y la impotencia que supone desear algo y no conseguirlo a pesar de los esfuerzos, la sensación de incapacidad, la culpa, la tristeza y la rabia que supone tener que aceptar una situación sobre la que no tienes control total, por mucho que las clínicas de fertilidad y las personas de tu alrededor, estas últimas, con su mejor intención, te insten a seguir y te digan que si quieres puedes. Y puedo suponer la sensación de vacío, de incertidumbre o incluso miedo que se debe sentir cuando te encuentras frente a un camino de vida que no era el que tú habías planeado.

Pero suponer e imaginar no es saber con certeza, eso solo lo da la vivencia y creo, que especialmente en este tema, la vivencia es crucial.

Así que he pedido a **Míriam Aguilar** divulgadora y activista en redes sociales y facilitadora de círculos para mujeres sin hijos por circunstancias, que me hiciera el gran favor de escribir este capítulo, porque ella sí sabe con certeza de lo que habla y sé que puede ofrecerte, como mínimo luz en este camino y esperanza de que se puede ser feliz después de haber intentado ser madre y no haberlo sido.

Te dejo ya con sus palabras.

"Siempre pensé que sería madre y nunca me planteé la cuestión de si era algo que quería o si era "lo normal" para mí, como mujer. Después de haberme enfrentado a mi proceso de infertilidad descubrí que siempre existió en mí, el deseo de ser madre y también había una parte de necesidad (de encajar socialmente, de ser igual que la mayoría de las mujeres de mi entorno, de compartir ese rol con mi hermana y amigas, de sentir esa realización de la que algunas personas hablan, de verme reflejada en otro ser que, junto a mi marido, habríamos creado, etc.) Tenía la maternidad muy idealizada.

Intenté ser madre durante 8 años. En ese transcurso de tiempo me quedé embarazada de forma natural 4 veces, la primera a los 33 años, la última a los 40, y los 4 embarazos acabaron en pérdidas gestacionales en el primer trimestre. En nuestros planes no entraba la reproducción asistida, pero tras esos años de infertilidad desconocida y dada mi edad al final de ese proceso, decidimos hacer un ciclo de ovodonación (del cuál hubo 3 transferencias de embriones) que no funcionó. Decidimos no seguir intentando ser padres. Yo tenía 41 años. Era muy joven y había muchas otras cosas que podía intentar.

Sin embargo, decidí que no quería seguir. No podía ni quería más. Y esa decisión me devolvió un poco la sensación de que era yo la que tomaba las riendas de mi vida. Entendí que siempre se puede elegir, y que toda decisión implica una renuncia.

No sabía qué me esperaba, pero tenía muy claro que no quería pasar más tiempo viviendo así, como a medias, siempre pensando en un "quizás…" No quería pasar más años intentando algo que yo sentía que no llegaba y que era muy posible que nunca llegase, y además tenía muy claro que no estaba dispuesta a todo por ser madre. Pensaba y sigo pensando que ser ma/padres es un deseo, no un derecho.

Fue una decisión que tomamos mi pareja y yo a la vez.

En esa decisión me sentí apoyada, obviamente, por mi pareja, por mi familia más cercana (hermanos, madre, cuñados y cuñadas) y por algunas amistades.

A nivel más general, a nivel social, no sólo no me sentí apoyada sino todo lo contrario. Cuando alguna vez, aún hoy en día, me preguntan si tengo hijos, todavía tengo que escuchar cosas como: "¿y no has pensado en adoptar?" o "¿y si te arrepientes de tu decisión?" o "quizás más adelante" (tengo ¡¡¡45 años!!!) o "¿te miraron si tenías algún problema autoinmune?", etc.

La sociedad no acepta que hayamos querido ser madres y ya no queramos seguir.

Hoy en día se entiende que una mujer no quiera ser madre, o que quiera serlo, obviamente. Pero no se entiende que hayamos querido y no lo hayamos sido. Y esto pasa básicamente por dos cosas: porque existe la (falsa) creencia de que si quieres ser madre lo serás y porque se supone que por ser madres seremos capaces de todo. Es por eso, entre otras cosas, que las que acabamos un proceso así sin un bebé en los brazos recibimos un juicio y un estigma muy grande. ¡Como si le debiéramos maternidad a alguien!

Durante todo el proceso intentado tener hijos me sentí muy presionada, primero por mí misma (hasta que me revisé y cuestioné todo.)

Luego por la sociedad, así en general. También por comentarios de amigas/amigos, incluso de algunos familiares.

Y por alguno de los ginecólogos que tuve durante todos esos años, incluido el de la clínica de fertilidad donde hicimos el tratamiento de reproducción asistida.

Llevé mi proceso de infertilidad prácticamente en silencio, como muchas otras mujeres. Ahora se habla mucho más de estos temas, pero cuando yo lo viví era aún más tabú.

Generalmente somos nosotras las primeras que no queremos hacerlo público porque sentimos vergüenza, culpa, etc.

Y es porque sabemos que la sociedad tiene preparadas una serie de frases para nosotras y ya vamos con ese miedo a que nos las digan.

Durante esos años estas fueron algunas de las cosas que tuve que oír tanto de personas que me conocían como de algunas amistades / familiares: "no te rindas, sigue intentándolo", "hoy en día quién quiere ser madre lo consigue seguro" , "siento que no te alegras lo suficiente por mi embarazo" (cuando otras mujeres se quedaban embarazadas mientras yo no podía) , "tú relájate, si te has quedado una vez te quedarás más" , "menos mal que era al principio y no más adelante" (refiriéndose a las pérdidas gestacionales) etc.

Después de pasar por este proceso he sido consciente de muchas cosas:

- La ignorancia que existe con estos temas, de ahí la necesidad de visibilizarlo.

- El gran tabú que es la infertilidad y, sobre todo, el hecho de terminar un proceso así sin un bebé en los brazos.

- La falta de educación emocional que existe en nuestra sociedad.

- Que mucha gente dice lo primero que les pasa por la cabeza sin ser conscientes de que pueden hacer daño, aunque lo hagan sin esa intención. No es excusa decir que había buena intención, porque sea buena o no, puede causar dolor.

A gestionar todas las emociones que surgían cuando decidí parar, me ayudó el que jamás me lo tomé como una rendición. Fue una decisión tomada desde el corazón y muy conscientemente.

Lo primero que me ayudó en ese tránsito fue, sin duda, mi propia actitud. Aceptar lo que me había pasado/estaba pasando desde el amor hacia mí misma, mi pareja y la vida.

Enseguida de tomar la decisión empecé a visibilizar el duelo que estaba transitando y a buscar por redes a otras mujeres que estuvieran en mi situación o parecida y encontré el grupo de apoyo mutuo, donde acudí al poco de decidir no seguir intentando ser madre y allí encontré otras mujeres que habían tomado la misma decisión que yo. Fue reconfortante sentir que había mujeres que podían entender exactamente cómo me sentía, pues hasta ese momento y como no se hablaba de ello, pensaba que sólo me había pasado a mí.

Y también y sobre todo para mí fue clave la terapia personal, que siento que es algo imprescindible para poder transitar de una forma más amable estos procesos tan duros. En mi caso estuve durante los últimos años en los que intenté ser madre visitándome con una psicóloga (en los primeros años no tuve acompañamiento profesional, nadie me lo sugirió tampoco) y fue cuando ya tenía mi duelo por la no maternidad muy elaborado cuando empecé a recibir terapia con un terapeuta Gestalt porque sentía que en el proceso de reconstrucción que estaba viviendo había cosas que no sabía gestionar. Avancé muchísimo en poco tiempo y este tipo de terapia me pareció tan transformadora que decidí empezar a formarme yo misma como terapeuta Gestalt, con la intención de poder acompañar a otras mujeres en sus propios procesos, movida también por la gran cantidad de mujeres que a diario me contactaban (y contactan) para contarme sus procesos, pedirme opinión, etc.

Fue esa también la razón por la que decidí crear los círculos femeninos (junto a mi hermana Elisabet, que es doula, profesora de varios tipos de yoga, entre ellos el terapéutico, asesora de lactancia, facilitadora de talleres y que acompaña a las mujeres en las diferentes fases de la maternidad)

Estos círculos están dirigidos a mujeres sin hijos por circunstancias, tanto a las que están en la búsqueda de un embarazo que no llega como a las que están aceptando su no maternidad.

¿Qué te diría si estás pasando por esto?

- Sobre todo, que te escuches a ti misma. Que seas honesta y sincera contigo misma y te hagas muchas preguntas. Y que trabajes en las respuestas. Que lo cuestiones todo. Incluso a ti misma.

- Que la presión social existe, está ahí y probablemente la sentirás. Pero al final es sólo ruido y tu vida es tuya y de nadie más. Hazte dueña de ella tomando decisiones basadas en tus necesidades y respetando y aceptando siempre tus límites.

- Que busques otras mujeres con experiencias parecidas, otras mujeres que hayan decidido no ser madres o no seguir intentando ser madres.

- Que te cuides, si necesitas alejarte de amistades con hijos, o dejar de seguir cuentas en las redes que te provocan dolor, lo hagas. Autocuidado, ante todo.

- Que vayas a terapia, si crees que lo necesitas, porque estos procesos son muy duros, y largos, y dada la presión social todavía se pueden alargar más. Los círculos o grupos de apoyo son lugares donde puedes transitar este tipo de procesos rodeada de otras mujeres que están viviendo una situación igual o similar y a la vez una oportunidad de crear una amistad en un grupo social al cuál sí sientes que perteneces. Muchos terapeutas lo recomiendan (además de la terapia individual)

- Que no normalices las preguntas intrusivas. Es normal que te molesten.

Y si no es tu situación, pero tienes mujeres cercanas que lo están pasando te diría que apoyar y acompañar estos tipos de procesos no significa decir lo que tú harías o lo que crees que harías sino respetar lo que esa mujer necesita o quiere hacer. Escucha activa.

Cuando una mujer dice "no quiero seguir intentando ser madre" lo último que necesita es que alguien le diga: "¿estás segura? Ahora hay muchos tratamientos", "fulanita se quedó a la 10 vez", "podrías adoptar" etc. etc.

Eso las infantiliza. Todas somos capaces de tomar decisiones, como las adultas que somos.

No sé si este libro lo va a leer alguna mujer madre, en todo caso les diría que pongan atención al lenguaje que usan: no es lo mismo decir "lo mejor de MI vida son mis hijos" que "lo mejor de LA VIDA de una mujer son sus hijos". O cosas por el estilo,

Porque todas las mujeres somos diferentes y cada una vive su maternidad o no maternidad de una forma distinta.

También que cuando decimos "yo intenté ser madre y al final decidí no seguir" no nos miren con pena, como si les estuviéramos diciendo que vamos a morir.

No necesitamos condescendencia ni dar lástima sino apoyo, escucha.

Y si no eres madre por elección, aunque tú no hayas sentido la misma presión, no hace falta que te pase algo para ser consciente de que existe.

Así que, en líneas generales, pediría lo mismo que a cualquier otra mujer, respeto. Respeto y apoyo entre todas, ya seamos madres, no madres por circunstancias o por decisión.

Aún hay muchas cosas que, como sociedad, necesitamos cambiar:

El concepto de mujer=madre para empezar. Nos creemos que la maternidad es algo que se puede elegir libremente y, aunque a priori es así, elegir no serlo o no seguir intentándolo comporta una serie de juicios y presiones que de ser una decisión verdaderamente libre no acarrearía.

La maternidad o no maternidad debe ser algo privado, y se deberían dejar de hacer preguntas como "¿quieres tener hijos?" y cosas mucho peores porque implican un grado de intimidad muy grande y las hemos normalizado tanto que, cuando contestamos, cuando no les reímos la gracia o disimulamos, sino que nos enfrentamos a esas preguntas o comentarios, la gente se siente ofendida, cuando lo ofensivo es que te digan según qué cosas o te hagan según qué preguntas.

Es fundamental que se respeten y se reconozcan los duelos, tanto los de las pérdidas gestacionales /perinatales como el duelo por la no maternidad.

Y es muy importante que las mujeres sepan que, tras haber deseado e intentado ser madre y no haberlo sido, una vez elaborado el duelo que supone eso, podrán, si trabajan en ello, seguir adelante con una vida plena y feliz"

TESTIMONIOS DE MUJERES COMO TÚ Y COMO YO

Tenemos muchos testimonios de mujeres famosas que no son madres, tanto españolas como de otros países, y eso está genial, sobre todo porque ellas, que pueden llegar a muchísima gente, han sacado a la luz un tema del que no se hablaba, lo han visibilizado y con sus historias ayudan a que cada vez se normalicen más otras opciones o circunstancias diferentes a la maternidad.

Pero somos muchas las mujeres anónimas que vivimos las mismas circunstancias y que sufrimos también los mismos prejuicios, escuchamos las mismas opiniones y cuestionamientos y recibimos las mismas críticas y, sin embargo, nuestra voz no llega.

Por eso decidí, desde mi humilde posición, dar voz a las mujeres que quisieran compartir su historia con las demás, para que, al leer la historia de otra, quizás te veas reflejada y eso te de fuerzas si las necesitas o, al menos comprensión de que no estás sola en esto, y no solo tú recibes las críticas que recibes. También era importante para mí, sobre todo teniendo en cuenta que la mayoría de las mujeres a las que he acompañado a tomar su decisión de ser madres o no, me contaban sus dudas sobre si al no ser madres sus vidas serían más tristes, que vieras, si estás en ese momento en el que no sabes qué hacer, que se puede ser feliz sin hijos, como se puede serlo con hijos, ya que la felicidad no depende de un solo factor. Por supuesto entiendo que es más sencillo, quizás para las que no quisimos ser madre, pero te aseguro que conozco a mujeres que después de intentarlo y no poder, pasaron su duelo y ahora son felices.

Para escribir este capítulo contacté con mujeres que están suscritas a mi newsletter para pedirles si querían contar su experiencia y este es el resultado de todas las que han querido hacerlo. Si eres una de ellas, mi más sincero agradecimiento una vez más. Si no lo eres, pero te gustaría contarnos tu historia, al final del libro te digo dónde puedes enviarla.

Antes de dejarte con sus testimonios quiero decirte que lo que aquí aparecen son sus vivencias respecto a la no maternidad, sus opiniones respecto a los temas que les planteé, sin censura alguna por mi parte.

Teresa Dattari. (Ilustradora, Santiago de Chile, Chile)

"Nunca pensé ni me cuestioné el tema de la maternidad, era algo que iba a suceder, al igual que casarme. Parte de mi "primera vida", como me gusta llamarle, sucedió sin cuestionamientos y de modo muy inconsciente.

Dejé de intentar ser madre porque mi matrimonio no era estable, no teníamos una relación profunda, vivía en un mundo de mucha presión por ser alguien que nunca fui y auto presión por tratar de serlo. Fui una niña muy tímida, me sentía muy exigida por mi exmarido, tenía algunos atisbos de que mi matrimonio no iba a ser duradero, que la crianza iba a ser toda mi responsabilidad y eso me limitaba. Dejé los tratamientos, existía mucha ambigüedad en mi sobre si tener o no tener, continuar o no continuar

Cuando ya decidí darle un cierre, ya en mi menopausia e investigando mucho en mi interior, terapia de por medio y comencé a escribir en Mujer sin Hijos tomé consciencia de que nunca me vi criando, y que me interesaba más el poder parir una nueva vida que dedicarme a la crianza. De pequeña jugué muy poco con muñecas, me dedicaba a jugar a construir cosas y tener aventuras, más que a las cosas de "niña" y haber tenido modelos de rol más diversos quizás me hubiera ayudado más en este proceso.

Luego de años de auto observación, terapia, autoconocimiento me doy cuenta de que si hubiese sido madre habría estado feliz, y me habría dedicado de lleno a ello, pero, como nunca me vi criando en mi inconsciente continuamente "boicoteé" mis intentos por ser madre, y siento que un hijo me habría condenado, así de fuerte.

Durante todo este proceso cuando estuve casada, mi exmarido lo hacía como un "favor hacia mí", era mi responsabilidad, yo era la que estaba mal y él tomaba una especie de papel de "salvador", de acompañar a esta mujer en su camino. Cuando ya estaba claro que los tratamientos no funcionaban, simplemente recibí más presión "sin hijos no hay familia" me decía en tono amenazador. Es importante hacer notar la violencia emocional y psicológica por la que pasamos las mujeres sin hijos por circunstancias.

Luego de divorciarme, no deseaba intentarlo, solo quería disfrutar de mi nueva libertad porque mi vida cambió luego de mi separación, en mi psiquis morí y volví a nacer y explotó y floreció esa persona que se ocultaba detrás de tanta presión por ser quien no era realmente. Fue una época brillante y de mucha lucidez. Luego con la única pareja con la que podría haber tenido hijos, teníamos una relación abierta y él ya tenía una hija y se sentía sobrepasado ya que "nunca quiso ser padre" pero lógicamente nunca se cuidó… eso de cuidarse es aún tarea de la mujer.

Yo seguía pensando, queriendo creer que aún tenía tiempo, pero no me mortificaba el hecho de no tenerlos, ya había cumplido cuarenta años y eso me decía que podría ser un poco más riesgoso.

Más que juzgada o interrogada, me he sentido INVISIBLE. La verdad es que en mi círculo cercano de eso no se habló, ni se ha hablado nunca. Nadie se atreve a preguntar porque todo el mundo asume que uno no puede, también hay temor a hacerte sentir mal, a inmiscuirse en un tema privado, al tabú de preguntarte si en realidad quieres tener hijos. Por lo que, interrogada o juzgada no, pero si muy victimizada y yo me sentía víctima, muy víctima.

Y me sentía invisibilizada tanto por hombres como por mujeres. Pero en general con el hombre no es tema. Cuando mis amigas estaban en época de crianza y nos reunimos yo iba a conversar con los hombres porque sus temas son variados y no giraban en torno a la maternidad y la casa. Si llega a ser tema creo que lo resuelven de otro modo.

Generalmente solo digo que no tengo hijos, si alguien desea más información, entonces comento que no quedé embarazada y antes de seguir diciendo cualquier cosa aun me dicen "puedes adoptar". Es una respuesta en automático, sin saber si lo deseo, si aún tengo el proceso abierto, o si ya lo he cerrado… ¡como si mi energía estuviera para crianzas a los 56 años! Sigue asombrándome ese tipo de comentarios.

Con el paso del tiempo cuando ahora comento que tengo una web y un blog para las mujeres sin hijos algunos hombres creen que es porque no quise y me han mirado con cuestionamiento o creen que es página de citas y me escriben buscando tener citas con mujeres sin hijos....

Con las mujeres, cuando digo que la web es para childless, y ayuda para seguir adelante, encuentro mucho apoyo, pero si asumen que también es para childfree me miran con recelo.

En algunos círculos siento que hay una especie de temor hacia las mujeres sin hijos, como antes sucedía con las divorciadas que robaban maridos o como si la humanidad se fuera a terminar al no querer tenerlos.

En lo personal, cuando decidí cerrar este ciclo, comencé a resolverlo, haciendo oír mi voz, y en cada reunión de amigas hablaba sobre lo que ha significado para mí no tener hijos habiendo deseado, o comentaba sobre algunas palabras de los testimonios de la página como para que las personas que me oían trataran de ver lo profundo de este dolor, ya sea por no poder o por sentirse juzgada. Y no me importaba si me respondían algo o no, lo importante era que yo me atreviera a sacar mi voz. Pero las reacciones eran bastante "livianas" y sentían incomodidad y se acababa el tema.

También creo que nosotras mismas necesariamente debemos pasar por un proceso de cambio de mentalidad. Es cierto que el tiempo lo cura todo, pero debemos poner de nuestra parte para salir adelante. No somos víctimas, simplemente los planes no salieron como lo deseábamos. Un ejemplo concreto: amo recibir regalos y el día de la madre era, más que doloroso diría que incómodo y siempre me llegaban flores de los camareros o de donde sea que uno fuera a celebrar a las madres, y esto era bastante molesto porque mis acompañantes estaban atentos a mi reacción o me decían alguna de estas típicas frases de "ya vendrá". En algún momento me cambió el switch, si bien fue un poco motivado y cargado de rabia.

Encontraba genial engañar a toda esta gente de mirada obtusa que creía que por ser mujer y por la edad, yo ya tenía hijos y me daban regalos sin siquiera preguntarse a sí mismos, ni preguntarme si efectivamente los tenía y comencé a disfrutar esos regalos porque me hacía sentir superior. No fue lo más sano, ni una súper historia de superación, ni toma de consciencia, pero le quitó esa carga emocional al día de la madre que dejó de ser molesto y comencé a disfrutarlo. Actualmente es un día que no me complica para nada, el tiempo hizo su trabajo y la rabia se diluyó.

No soy madre, tampoco soy madre de mi mascota, no soy madre de mis sobrinos y no soy madre de mis amigas. Soy soporte, sí. Soy madrina, sí. Soy mujer, sí.

Hoy siento que el no tener hijos no me afecta como para desequilibrarme, siempre nos encontraremos con comentarios, preguntas, reacciones que no desagradan o incomodan, pero eso sucede en todo ámbito. Dejé de luchar y para mí eso es muy importante y lo que ahora me interesa es aportar a cambiar esa visión sesgada y ayudar a ampliar la mirada.

Seguimos escuchando todas esas opiniones por muchas razones: la biología, nuestro sistema de creencias sociales, la religión, el sistema de mercado, el que los hombres no puedan parir, una infinidad de cosas.

Existe la creencia de que nacimos para parir. Se nos ve con temor porque al no tener hijos nos convertimos en mujeres libres en cuerpo y mente y eso genera mucho temor en hombres y mujeres. Se necesitan consumidores para nuestra economía, se necesita mano de obra para los trabajos. En fin, las razones son muchas y la mayoría de la gente ni siquiera sabe por qué te critica, su inconsciente es quien los guía.

Tener hijos es bello, pero no es lo único en la vida que te realiza como ser humano. Tener hijos mantiene a la mujer en un rol, digamos que sometida, sin conocer lo poderosas que somos y para los hombres eso es bueno porque así pueden seguir brillando, al menos esta es mi opinión.

En cuanto a si nos apoyamos las mujeres entre nosotras, creo que el apoyo está naciendo entre la comunidad de mujeres sin hijos y eso es bellísimo. Las madres de mi círculo cercano ya tienen hijos mayores y se encuentran en proceso de reconectarse con lo que les apasiona, y es ahí donde tengo un camino ya recorrido y adelantado y nos estamos reencontrando en nuevos ámbitos como los viajes y eso es muy bello.

En mi caso, al haber sido un proceso invisible no recibí mucho apoyo, no es un tema que se conversó cuando lo necesité, eso ya no sucedió. Digamos que cuando pasamos por este proceso somos como huérfanas, navegamos en busca de información, contención y empatía y es por eso por lo que nuestros actuales proyectos para Mujeres sin Hijos son tan importantes. Para las que son madres creo que ni siquiera se les pasa por la cabeza que uno puede estar mal. Hay personas cercanas que aún creen que porque no tengo hijos no tengo ningún tipo de problemas, ni tristezas, ni dolores, ni problemas económicos. Siempre se minimizan. Además, estoy sin pareja y sin hijos. Doble tema para creer que vivo una vida color rosa, pero como dije antes, está en nosotras hacer el cambio, atrevernos a llorar, a hablar, a expresarnos, a reinventarnos, a volver a vivir, a hacer oír nuestra voz.

Creo que el tema está cambiando. Confío y tengo fe en que las futuras generaciones están creando hombres y mujeres más empáticos, lo veo en algunos de mis sobrinos. Más ocupados de cuidar el planeta, de que las mujeres podamos caminar libres por la calle, de no traer hijos al mundo sin poder mantenerlos, etc. al menos creo que se están cuestionando más lo establecido. Se han abierto muchos grupos Childless y Childfree, cada uno con sus características y tribus propias y eso siempre será un aporte.

Todo esto cuando tus necesidades básicas están satisfechas, porque cuando sólo vives para sobrevivir, la vida vuelve atrás y la mujer tiene escasa ayuda y acceso a información que la ayude a salir adelante.

Creo de vital importancia que existan este tipo de iniciativas de mujeres que nos atrevemos a salir a la luz y contar nuestra historia, apoyar y generar comunidad. Tú te has dado cuenta de que es necesario el apoyo.

Insisto salir a la luz, pero no a luchar en contra de la maternidad ni de los niños, sino a la libertad de elegir vivir como lo deseemos, a tener información a nuestro alcance. También es importante tener contención, tener un grupo de pares que viva experiencias similares para apoyarnos y caminar de la mano, a encontrar e identificarnos con otros modelos de rol, a elevar la visión de lo que es ser mujer y en el fondo ser persona. Seguir entregando información y contención y crear comunidad.

Finalmente, todos los seres humanos estamos en busca de lo mismo: la felicidad, y cada uno debiera tener la libertad de poder desarrollarse en todo su esplendor y reproducirse también si lo desea. Creo que debemos dejar de luchar entre nosotras las mujeres, somos hermanas.

Creo que necesitamos evolucionar como seres humanos, necesitamos trabajar mucho nuestro desarrollo personal, autoconocimiento, reforzar nuestra auto consciencia, nuestra parte emocional y psicológica, para poder afirmarnos como seres humanos libres que somos y desde ese lugar de evolución y autoconocimiento y consciencia, alzar nuestra voz, romper con los tabúes, romper nuestros propios límites, las creencias impuestas y en especial las autoimpuestas para tener herramientas suficientes que nos ayuden a avanzar con menos dolor emocional y entender de una vez por todas que ya por el solo hecho de nacer somos absolutamente completas, amadas y valiosas y que no necesitamos encajar en ningún rol para ser plenas".

Marieta L. (Administrativa. Úbeda, España)

"Para empezar, quisiera decir que, aunque soy muy niñera, no sé por qué, desde pequeña he tenido muy claro que yo no quería tener hijos y enfatizo no querer tenerlos, porque el ser madre sí me lo planteaba en forma de adopción, por ejemplo, pero traer yo vida a este mundo a "sufrir" (era mi punto de vista de la vida desde bien pequeña) eso sería cruel por mi parte. Se reían porque era muy pequeña, y desde entonces tuve que escuchar mis primeras frases del tipo "ya cambiarás de opinión". Pero mi opinión se iba haciendo más y más fuerte con el paso de los años y cuando los interrogatorios se iban acumulando porque ya empezaba a tener más edad, mi respuesta era siempre la misma: "si hay un mínimo de probabilidad de que yo tuviera un hijo y sufriera o se arrepintiera de haber nacido, para mí ya no merecía la pena". Si, lo sé, lo veía todo muy negro porque entonces todo lo veía igual.

Sin embargo, la opción de adoptar la veía diferente. Ese niño ya estaría en este mundo, yo no habría sido la responsable de traerlo, pero podía darle todo el amor del mundo y en algo podría mejorar su situación. Quizás pudiera parecer que yo no quería tener esa responsabilidad por si algo salía mal o no era tan buena madre como debiera, justificándome en que yo no lo había parido, pero la verdad es que pensaba lo mismo en cuanto a que el resto tuvieran hijos, el mismo miedo a que no fueran felices. Esa ha sido mi idea desde que recuerdo, tanto, que a cualquier chico que conocía, le hacía saber mi opinión desde el primer día aun corriendo el riesgo de que salieran huyendo. Hasta que conocí a mi pareja y tras soltar que yo no quería tener hijos, solo me miró, sonrió y me dijo: "Lo vamos hablando con el tiempo".

En ese trascurso del tiempo y gracias a mi trabajo personal y al apoyo incondicional de mi chico, fui saliendo del pozo en que había estado toda mi vida y empecé a quererme, a valorarme, a sentirme capaz en muchos aspectos, y como veía que él tenía el deseo de ser padre y tras barajar la opción de la adopción y no ser viable para nosotros, volvió a plantearme el tema de tener hijos nosotros. Me agobié mucho, lo pensé mucho...ya no veía la vida tan negra, pero la probabilidad de tener un hijo que fuera infeliz seguía siendo real así que de primeras me seguía negando, hasta que poco a poco el ver qué pasaba a ser una necesidad para mi chico y que yo me encontraba cada vez mejor, me hicieron plantearme que quizá si era capaz de ser buena madre y hacer todo lo posible para criar a un hijo feliz. Ahí empezó el calvario.

Nos pusimos manos a la obra sin resultados, pruebas, tratamientos, ilusiones y desilusiones a partes iguales, años y años pasando por diferentes fases, hasta que tuvimos que tirar la toalla y asumir que seguramente nunca podríamos tenerlos.

Todo esto sumó en su momento un sentimiento de "inutilidad" como mujer, sentimientos de inferioridad, de no estar sana, de echarme las culpas, sentir que no podía estar a la altura, que era menos que otras, que era menos para mi marido, que había fracasado, que me faltaba algo... y una serie de inseguridades de las que a día de hoy pocas quedan por suerte, porque con distancia, tiempo y trabajo personal, veo que no todo lo que se quiere en esta vida se consigue y además, creo firmemente que quizá sea porque es mejor así. Quizás la Vida no me tenía eso deparado por algún motivo y de haberlo conseguido forzando más la situación no hubiera sido bueno, no sé, confío bastante en la Vida y en sus procesos, y a veces el no obtener resultados, es el mejor resultado.

Así que, en mi caso, como en muchos otros, no siempre es blanco o negro, o "no quiero", o "no puedo", a veces hay tantos grises o colores de por medio, que puedes estar en una época de tu vida por circunstancias o por mentalidad en un azul eléctrico de tener claro que no quieres y otra época, en un azul cielo en el que tu mentalidad no es tan catastrofista y que al lado de la persona adecuada te sientes más preparada y capaz.

Y, a día de hoy, a mis 42 años y después de 14 años de intentos, no sé en qué color estoy. Mi mente dice que es un alivio no haber tenido, y mis emociones ciertos días que veo a mi chico jugar con mis sobrinos o cuando hablamos del tema y veo su carencia, se me parte el alma y me llego a sentir mal por no haberle podido dar eso cuando él me ha dado tanto.

Lo bueno es que, en todo el proceso, me he sentido muy arropada por mi pareja, en cualquier momento tenía la libertad de parar y mi miedo a no conseguirlo y que ello fuera motivo de que nuestra relación acabara (porque entendería perfectamente que para él fuera una necesidad el ser padre) se disipaba hablando con él, siempre me dejó bien claro que su prioridad era yo.

Respecto al resto de personas, la gran mayoría de las cercanas ni saben el por qué no hemos sido padres, se imaginan que ni lo hemos intentado si me conocen de hace tiempo y por ello no ha supuesto mayor problema. Pero hay otras que sí que me han interrogado, juzgado, criticado e insistido hasta la saciedad, tristemente la mayoría mujeres.

No me siento muy comprendida por la mayoría de mujeres que sí son madres, y lo puedo entender. Un hijo te debe cambiar la perspectiva de tu motor de vida, y no pido esa comprensión, sólo respeto y tolerancia a otras opciones. Pero es que tampoco me siento comprendida al 100% con las que no lo son, porque también me han llegado a juzgar por haber cambiado de opinión y haberlo intentado, y a ver, quizá si me hubiera puesto a explicarles el por qué con detalles respecto a mi estado emocional de antes y de ahora, quizá sí, pero es que no siempre das con la persona adecuada que solo escuche sin juzgarte ni compadecerte (que esa es otra) y no siempre te apetece exponerte tanto.

También me ha pasado una cosa muy curiosa, y es que mientras lo intentaba y no podía, si me sentía comprendida por otras chicas en la misma situación, pero que una vez que esas chicas lo consiguieron, la comprensión desapareció, como si el embarazo borrara la memoria a corto plazo y ahora juzgasen o no entendiesen igual tu situación. No sé si suele pasar, pero espero que ese cambio de actitud no sea lo normal.

Siento que entre muchas mujeres tenemos ciertas rivalidades, desde mi punto de vista ilógicas. ¿Solo nos podemos entender si pasamos exactamente por las mismas circunstancias y al mismo tiempo? ¿No podemos entender, aceptar y respetar que cada persona, cada mujer, cada circunstancia son totalmente diferentes y no solo respetar sino apoyar a esa persona? Parece que no, de ahí las frases que me han dicho (principalmente mujeres) del tipo: "a quien Dios no le da hijos, el Diablo le da sobrinos". (Frase incongruente total, soy muy feliz con mis sobrinos). "¿Quién va a querer estar contigo si no le das hijos?" (Frase de las cavernas). "Que egoísta eres, verás cuando te veas sola y mayor" (Frase contradictoria donde las haya). "La raza se extinguiría si nadie tuviera hijos" (nos extinguiremos antes por pensamientos así)

El cómo reacciono, depende mucho del día que tenga, principalmente sonrío y esquivo la conversación. Cuando esto no funciona, uso la técnica del disco rayado: "Porque no quiero, porque no quiero, porque no quiero", porque sé que como me meta en el tema, no solo voy a tener que dar explicaciones de más, porque a cada argumento, contra argumentan pensando que, si insisten un poco más, quizá consigan cambiarnos de opinión, y porque sé que al final no me van a entender y van a tener más motivos para juzgarme. Y pocas veces son las que me he atrevido a decir que "eso no es asunto tuyo", me parece un poco borde pero quizá lo tendría que haber usado más ante las preguntas y presiones tan inapropiadas.

El caso es que ya parece que con la edad no indagan ni insisten tanto, cosa que se agradece, pero de vez en cuando alguien aparece de nuevo al ataque, como usando su última baza. Por suerte las cosas ya no afectan de la misma manera. Vuelvo a aclarar que todo esto es por la gente que cree que no quiero ser madre. Las poquísimas personas que saben que lo hemos intentado y no ha podido ser, no comentan nada por supuesto, pero aquí viene algo curioso, algunas piensan que se podía haber intentado más veces como si no te hubieras esforzado o luchado lo suficiente y no tenga valor lo "poco" (a su parecer) que has hecho, y por el lado contrario, otras te miran con condescendencia, lástima y pena como si ya no fueras a vivir completa y felizmente por ello.

Respecto a ellos, creo que no se les cuestiona ni presiona tanto, por lo menos por parte de mujeres, pero tampoco se escapan, algunos hombres, se disfrazan en frases de "machitos" para atacar a su hombría y decirles cosas como: "tendrás que dejar simiente" (frase troglodita), "es que no sabes hacerlo?" (frase hiriente donde las haya).

Creo que seguimos escuchando cosas así y nos vemos tan cuestionadas, porque aún gran parte de la sociedad creen que es "ley de Vida" tener hijos, que es obligatorio, que "el instinto materno" viene de serie en todas las mujeres, que sin hijos la vida no tendría sentido, que hay que dejar un legado, que el día de mañana cuando seas mayor y sin hijos te vas a sentir muy solo y triste, y, en definitiva, que siempre ha sido así y por tanto lo "normal". Y a ver, cierto es que, si nadie tuviera hijos, la humanidad se acabaría, (¿y qué?), también es cierto que la mayoría tiene ese sentimiento de ser madre, y que si no tienes hijos el día de mañana te puedes sentir más solo, pero igual que si no tienes amigos o familia, recordemos que las residencias de mayores están llenas de personas con hijos. No quiero con esto dar la intención de querer justificarme, porque como he dicho, yo he estado en los dos bandos, pero sí que es cierto que cualquier pensamiento que se da por "normal" se puede cuestionar, y que cada persona somos un mundo y debemos aprender que habrá gente que se salga de esa mayoría, y que las mayorías por el simple hecho de serlo, no tiene por qué ser la única ni la mejor opción viable. Dejemos de crear bandos para todo, ni una cosa es mejor ni peor que la otra, sólo depende de cada persona. Aprendamos que la diversidad enriquece y que siempre podemos aprender de otros.

Por suerte, creo que vamos avanzando, muy lentamente sí, más lento de lo que necesitamos, también, pero avanzamos. Si hoy día nos duelen estos comentarios, las miradas de pena hacia nosotras y la incomprensión de otros, ¿que sería años atrás donde a la mujer solo se la veía como un "horno" donde cocer a la descendencia? ¿Y en esos pueblos pequeños en los que se te cuestiona hasta si no has querido tener pareja ni casarte? Creo que vamos progresando, aunque este tema no va al mismo ritmo que otros en mi opinión, pero confío en que sigamos abriéndonos de mente todos, y que las que ahora son niñas y mañana serán adultas, no se sientan presionadas si deciden no ser madres, no se sientan menos si deciden serlo y no pueden, no se sientan en bandos diferentes como si de una guerra se tratara, sino que aunque no podamos entender los motivos de otras personas (quizá no tengamos derecho a saberlos siquiera), no juzguemos, no critiquemos, no nos metamos donde no nos llaman, simplemente seamos abiertos, seamos tolerantes y dejemos al mundo correr.

Para ello creo que hace falta más divulgación, más sinceridad (no solo edulcorar las bondades de la maternidad, sino ver también las cosas buenas de la no maternidad), menos rivalidad (ni ser madre es lo mejor del mundo ni el no serlo es vivir despreocupados y sin responsabilidades), hace falta conocer a más mujeres fuertes que no se achican por tener sus ideas claras, más empatía, más sororidad entre nosotras, más tolerancia ante todas las opciones posibles...para que esas que ahora son niñas se sientan el día de mañana con la libertad de elegir y sentir libremente.

Y no quiero dejar pasar la oportunidad para decir que donde más libre me he sentido de compartir, ha sido en tu cuenta de Instagram @hablandodenomaternidad dedicada a nosotras, donde todas cabemos, las que no, las que sí, las que sí pero no. Es donde realmente me he sentido arropada y no me he visto diferente, ni rara, ni juzgada, ni criticada. Para mí fuiste un descubrimiento Pilar, y aunque otras veces te lo he agradecido, no puedo menos que volver a hacerlo, no solo por crear un espacio donde abrirnos y donde todas somos bienvenidas, sino por poder contar contigo por privado en algunos momentos, y porque te hayas acordado de mí en esta ocasión.

No sé si mi experiencia podrá ayudar a alguien, pero en mi caso, el sacarlo todo y contarlo sin tapujos, ni edulcorando, ni victimizando nada, sí que me ayuda. Y si como a mí, hay más chicas a las que les relaja saber que hay tantos casos diferentes como mujeres, ya me hace feliz, porque sí, por mucho que se empeñen en lo contrario, estamos para apoyarnos y arroparnos, no somos rivales, son mujeres únicas y a la vez diferentes, pero todas maravillosas y completas".

Miriam Díaz (Terapeuta psico corporal. Barcelona, España)

Las etiquetas me provocan urticaria. ¿Por qué lo digo? Pues porque, partiendo de esa premisa, no suelo pensar en que soy una 'mujer sin hijos'. Soy una persona, en este caso mujer, y punto. Es cierto que cuando rondaba los 30 hacía números pensando: ¿Cuánto tiempo necesito para conocer a alguien, construir una relación y tener hijos con esa persona?'

Así de loco y así de cierto. Porque sentía vértigo ante la posibilidad de que mi vida no iba a ser como yo había imaginado. Pero con los años, si hay algo que he aprendido es que la Vida hay que surfearla y que, vivir la maternidad era algo que dependía de muchos factores. Por eso, hubo un momento en el que comencé a decidir que, o aceptaba que no sería madre, o seguiría detrás de una 'zanahoria' que me generaba mucho sufrimiento. Sin embargo, no ser madre no anula mi naturaleza maternal. He encontrado otras formas de canalizarla y lo vivo con mucha ilusión.

Y aunque no me ha sucedido con frecuencia, a veces sí me duele que otras mujeres-madres me suelten un 'tú no puedes entenderlo, porque no has tenido hijos'. No señora, no he tenido hijos, pero tengo la empatía e inteligencia emocional suficiente como para ponerme en sus zapatos, cosa que usted no hace cuando suelta semejante sentencia. Será por eso, por mi deseo de entender y ponerme en la piel de otras mujeres, que llegan a mi vida (y a mi consulta) muchas que han sido madres, pero que sienten que se han perdido en su maternidad; se ha anulado a 'la mujer' en pos de 'la madre'.

Una mujer, madre o no madre, fácilmente puede perderse a sí misma. Por eso, que cada una elija su propio discurso a la hora de definirse, tenga o no hijos.

Èlia Fiblà. (Experta en Marketing. Barcelona, España)

No tengo hijos y, por mi edad creo que es casi definitivo. Por pensamiento y sentimiento sigo en el punto del debate final, pero solo cuando me entran los miedos pensando en la futura y posible, o no, soledad.

Nunca he sentido la urgencia o el deseo extremo de una maternidad, siempre lo he contemplado como una posibilidad, pero hasta día de hoy en ningún momento ese pensamiento ha sido prioritario por encima de otros, por lo tanto

Juan, mi pareja, y yo somos muy parecidos en ese sentido, así que el tema de la sí/no paternidad/maternidad siempre ha estado ahí, pero me remito al punto anterior, nunca ha sido una idea prioritaria como pareja.

La verdad es que no me han preguntado ni juzgado mucho, aunque las pocas veces que me han preguntado sobre ello sí he sentido un halo inquisidor. Por suerte, y por cosas de la vida, una es asertiva y poco dada a dar explicaciones así que resuelvo rápido y con naturalidad el tema.

Seguimos escuchando opiniones porque vivimos en una sociedad patriarcal. dominada por unos roles de género que todavía están en el inconsciente colectivo global, tanto de hombres como de mujeres.

Respecto a si creo que las mujeres nos apoyamos entre nosotras, no sé lo que creo, porque sería generalizar. Pero sí puedo compartir lo que siento y en ocasiones me he sentido acompañada y comprendida y en otras interrogada y juzgada. No sé si es tanto cuestión de 'las mujeres' como de persona a persona.

Creo que la cosa cambiará seguro, pero ¿hacia dónde? Eso ya sería futurología la verdad.

Mariana Sequera. (Ingeniera Química. Venezolana viviendo en Managua, Nicaragua)

Debo iniciar este pequeño relato contándote que fue una decisión que maduró con el tiempo, te miento si te digo que siempre lo tuve claro, porque pues no fue así, llegar a mi decisión es algo que se dio de manera natural con el paso del tiempo y de mi evolución como persona y de la evolución de mi pareja y yo como pareja. En nuestro caso es una decisión tomada y que nos hace felices a ambos.

Tengo 42 años de los cuales 18 años los he vivido con mi pareja actual quien siempre me ha apoyado en este tema, incluso cuando aún no lo tenía muy claro, él siempre estuvo dispuesto a apoyarme fuese cual fuese mi decisión al respecto. De su parte nunca sentí presión ni nada por el estilo.

En cuanto al tema familiar y social, en algún momento me vi en la necesidad de conversar con mi madre al respecto, ella no entendía cómo era posible que yo no quisiera ser mamá ya que en su caso ella sí lo quiso casi que, desde niña, no fue nada complicado, lo conversamos y lo entendió perfectamente.

Socialmente la historia es otra, definitivamente este tema de no ser madre, basado en mi experiencia, siento que es algo que nos genera más presión a las mujeres que a los hombres. Son contadas las veces que a mi marido le han hecho semejante pregunta mientras que a mi es casi que por ley sienten que deben y hasta tienen el derecho de preguntármelo, incluso ha habido personas que se atreven hasta de hacer la pregunta con un tono de compasión y hasta lástima. Muchas veces me frustraba y se lo comentaba a mi marido, hasta que poco a poco lo fui utilizando para generar respuestas previas en mi cabeza disponibles en dependencia del personaje que se atreviera a preguntarme.

Con mis amigas que, aunque forman parte de lo social, la historia es distinta, todas han entendido, respetado y apoyado mi decisión. Incluso tengo amigas como yo, que decidieron no ser madres y compartimos opiniones y hasta gustos en común por ciertas cosas. Todas sabemos que quizás nos estamos perdiendo de vivir una experiencia, pero claramente también tenemos la oportunidad de vivir otras experiencias que fueran muy difíciles de experimentar si fuésemos mamás.

Siento alegría cuando veo que este tema cada día es más conversado y aceptado, pero creo que los avances dependerán mucho de la sociedad donde vivimos. En Europa se está más abierto a este tema, pero en Latinoamérica nos falta mucho camino por recorrer, nos toca seguir escuchando opiniones y obligándonos a responder o dar explicaciones para ser diplomáticamente correctas.

Por mi parte me siento plena y feliz con la vida que me he diseñado, no cabe arrepentimiento alguno. Hoy en día ya tengo las respuestas claras para cada tipo de persona que se me acerca con la inquietud y mi manera de aportar a la evolución social en este tema es demostrarles lo natural y contenta que estoy con la decisión tomada. ¡Existen otras maneras de vivir y ser feliz!

Ana P. (Profesora de educación infantil. Donostia, España)

Si soy sincera de corazón, creo que fui yo misma la que me hice una idea en la cabeza y en el corazón, de que cumpliría con creces el rol que se me inculcó y que yo cogí, de cuidadora y pensar voy a cuidar a alguien que forma parte de mí.

Me encantan los bebés, me pasaría horas con ellos, su olor, su piel, sus inicios en la vida. Por mi trabajo, tengo mucha relación con niños pequeños, así que esa parte de ver cómo van aprendiendo ya la satisfago con mi trabajo, y a estas alturas, ya no quiero ser madre, porque supone muchísima responsabilidad, y quiero deshacerme de ese rol que tenía, porque me quita salud, y eso que es mi identidad, pero ya no quiero que solo eso me represente.

Durante todo el proceso de aceptación de que no podría ser madre, me he sentido muy acompañada por mi pareja.

Sí me sentí juzgada a veces por otros, pero la que más me juzgada era yo misma. En la mayoría de los casos he sentido que las mujeres, sentían lástima de mí, por no ser madre. Y me trataban con condescendencia como si ellas se sintieran superiores porque ellas son madres y yo no. En cambio, nunca me he sentido juzgada por ningún hombre.

Nunca me he sentido apoyada por otras, ni siquiera por amigas y esto es lo que más sufrimiento me ha ocasionado.

Tengo esperanzas de que esto cambie, gracias a personas como tú. Creo que podemos contribuir a que la situación cambie, utilizando herramientas y recursos para que no exista esa "rivalidad" y escuchándonos y trabajándonos la asertividad, como tú me estás enseñando en las sesiones.

Helen B. (Psicóloga. Valencia, España)

Hoy por hoy no tengo hijos, pero no sé si será algo definitivo ya que podría cambiar mañana de opinión. Nosotros hemos llegado a la no maternidad después de muchos años en el mundo de la infertilidad en los que hemos sufrido mucho. Desde luego, la no maternidad, no fue una decisión que en un principio fuera voluntaria, fue algo completamente impuesto. Una realidad aplastante que hemos tenido que asumir.

Sin embargo, hoy por hoy, creo que hay parte de esa no maternidad que ha sido elegida porque hay otras vías para ser madre, como puede ser la adopción, como puede ser la gestación subrogada y no hemos recurrido a ninguna de ellas porque hemos llegado a un punto en el que ya no queremos ser padres. Ha pasado mucho tiempo, no es lo mismo plantearse tener hijos con treinta y pocos que con cuarenta y uno, y eso ha hecho que el tiempo vaya pasando y que vaya viendo la maternidad de diferente manera, que vaya valorando mi tiempo libre, mis hobbies, mi libertad para hacer lo que quiero en cada momento y cada vez cuesta más plantearse el sacrificio de sacar a una personita adelante durante los próximos 30 años.

No puedo decir que sea una decisión 100% definitiva, aunque estoy prácticamente segura de que sí lo va a ser, pero en todo este tiempo he cambiado tantas veces de opinión que no sé cómo me voy a sentir al respecto dentro de un año. Lo que está claro es que el tiempo juega en contra y cuanto más tiempo pasa, más se reafirma la decisión de dejar de intentar ser padres.

Hemos llegado a las conclusiones de lo que conlleva la maternidad, después de muchos años de tratamientos de reproducción y de buscar la maternidad de una manera activa y consciente con una implicación económica, psicológica, emocional y física muy grande. Al final cuando decidí que ya no quería seguir intentando ser madre había tenido mucho tiempo para reflexionar al respecto y había pasado por todo tipo de pensamientos y sentimientos. Toda decisión tiene su ganancia y tiene su renuncia y en ese proceso estamos.

Cuando decidimos intentar ser padres lo decidimos porque todo nuestro alrededor, nuestros amigos estaban teniendo familia, era lo que se esperaba de nosotros, se daba por hecho que es lo que hay que hacer (casarte, tener hijos) y sí que existía el sentimiento de querer una personita que fuera la mitad de mi marido y mitad mía, de ser una familia de tres. Pero es cierto que ahora veo que no hubo una reflexión profunda de las implicaciones que tiene la maternidad en una pareja. Nos dejamos llevar por la inercia de la sociedad, de lo que toca en ese momento, etc.

Ahora hemos decidido que lo que queremos para nuestra familia es una cosa completamente diferente después de todo el estrés que hemos sufrido por los tratamientos de reproducción, de todo el dinero que hemos gastado, que ha hecho que ese proyecto de maternidad – paternidad ya no nos compensara ni económica ni psicológicamente. Está tan arraigado que debemos tener hijos, que la frustración y la decepción que sufres cuando no los puedes tener es muy grande y se sufre muchísimo. Entonces llega un momento que ya no puedes cargar más a tus espaldas y decides poner fin a ese proyecto para enfocar tu vida de una manera diferente, aunque no era el tipo de vida que tenías pensado para ti.

Siempre me he sentido acompañada por mi pareja, si bien es cierto que él en un primer momento dijo que le daba igual tener hijos o no, que no era algo prioritario en su vida, que era feliz en pareja y no necesitaba hijos porque estaba bien así. Era yo la que tenía más ilusión y ganas y él decidió aceptar esa búsqueda de hijos por mí. En nuestro caso siempre hemos estado unidos y hemos intentado tomar las decisiones en pareja y me he sentido muy apoyada por él. Siempre ha priorizado mi bienestar emocional y psicológico al hecho de tener un hijo. Y le estoy agradecida.

Nunca me he sentido cuestionada por la sociedad por haber recurrido a tratamientos de reproducción, tampoco cuando he decidido que ya no quería seguir intentándolo, pero es cierto que siempre he sido una persona que no he escondido la realidad, ni me ha dado vergüenza decir que estaba en tratamientos de reproducción y por tanto la gente de mi alrededor sabe perfectamente cuales eran mis circunstancias. Han entendido que dejara de buscar la maternidad, de hecho, muchas veces me animaban en este sentido porque veían que estaba sufriendo.

Sin embargo, sí que he sufrido los comentarios por parte de personas desconocidas, todas mujeres, cuando te preguntan "¿tienes hijos?". Es una pregunta constante y reiterada. Eso al final resulta un poco incómodo porque al decir que no tienes, a veces recibes la respuesta de "ah bueno, ya los tendrás" o "todavía no los tienes" y les tienes que decir "no, ni los tengo ni los voy a tener".

Obviamente, los hombres no sufren la misma presión que las mujeres. Todo el peso recae sobre las mujeres, como si fuese una obligación nuestra tener hijos. Ellos lo viven de una forma más relajada y somos nosotras (al menos las que hemos querido tener hijos y no hemos podido), las que lo vivimos con más ansiedad.

Me he sentido apoyada por mis amigas durante todo el proceso de tratamientos de reproducción y también cuando decidí dejar de intentarlo. Creo que ellas no pueden hacerse una idea de la magnitud o la importancia de una decisión así. Tampoco soy capaz de ver la complejidad de la maternidad en todas sus perspectivas. Quien no lo ha vivido no es capaz de entender al 100% lo que supone para una persona que desea tener hijos quedarse sin ellos.

Es verdad que es un proceso muy solitario. He pasado muchos momentos sola haciendo mi duelo con mi marido. El acompañamiento siempre ha venido por parte de mujeres que habían pasado procesos similares o como en el caso de Pilar, mujeres que voluntariamente habían decidido no tener hijos y han acompañado a las mujeres que hemos querido y no hemos podido. Me parece fundamental buscar a otras mujeres que hayan pasado por la misma situación, solo hay que buscar un poquito en Instagram para encontrarlas.

Creo que la situación ya está cambiando, que cada vez se va normalizando mucho más que mujeres o parejas no tengan hijos. Ya no eres el bicho raro, la vieja de los gatos. Se empieza a valorar como una alternativa y creo que empieza a haber personas que consideran que es una elección de vida como cualquier otra y que ya no dan por hecho que todos debemos tener hijos. Cada vez somos más las mujeres que no vamos a tener hijos y esto va en aumento, y somos más las que lo deciden por voluntad propia, pero también las que al final, por diversas causas, no podemos. Creemos que la medicina tiene solución para todo, pero lo cierto es que no. Muchísimas de las mujeres que entren en una clínica de reproducción tendrán a su hijo, pero la realidad es que hay un pequeño porcentaje que por más médicos que visiten y técnicas que prueben, nunca serán madres.

A la fuerza la sociedad irá cambiando e irá normalizando esta situación.

Para que esto cambie, creo que debemos visibilizar, ir rompiendo barreras, ir eliminando temas tabúes, hablar de lo que nos pasa, hablar de cómo nos sentimos, de cómo hemos llegado aquí y por qué, hablar de nuestros miedos y preocupaciones y también, cómo no, hablar de las cosas positivas que trae la no maternidad que también existen. Y ayudar a otras mujeres que están en la misma situación a transitar por este camino con esperanza de que con una vida sin hijos se puede ser igualmente feliz (o incluso más).

Ramona Georgia Chis. (Autónoma. Villarrubia de los Ojos, Ciudad Real, España)

En este momento no tengo hijos y creo que es la decisión definitiva, pero hay veces que algo me remueve por dentro y es cuando veo a embarazadas y cuando veo a algunos amigos con sus hijos. Creo que aún no lo he decidido porque el hecho de no ser madre no vino solo sino por mis enfermedades y mis operaciones y la posibilidad de ser madre se ve "frustrada", y lo pongo entre comillas porque cuando era más joven siempre decía que iba a ser madre alguna vez. Me casé y nunca nos pusimos a hablar de ser padres porque no era nuestra prioridad y al ver que, por mis enfermedades y operaciones, mis puertas para ser madre se estaban cerrando a pasos agigantados, surgieron mis dudas y en su momento me sumergieron, entre otros motivos en una depresión y en la ansiedad.

Las dudas que me vienen son más tipo preguntas como "¿qué se siente estando embarazada?", "¿será bonita esa etapa?", "¿ser padres es lo más bonito del mundo, como dicen?"

Nunca he intentado serlo, pero a raíz del carcinoma en el cuello del útero, una hemorragia interna que necesitó operación, la extirpación de una trompa, endometriosis… se me generó una necesidad de ser madre. Creo que el hecho de que nos quiten algo hace que la queramos más.

Lo bueno de todo esto es que mi marido me acompaña hasta donde yo esté dispuesta a llegar, a pesar de que él no quiere hijos, no es una necesidad en su vida.

Creo que a veces esa necesidad nos la crea esa confusión. Estamos acostumbradas a un estereotipo y la que sale de ahí es rara y a partir de ahí se generan las típicas preguntas "¿y los niños?", "¿por qué no te quedas embarazada?", "¿has probado con FIV?" o "eres muy joven, ya verás, cambiarás de opinión", "todavía puedes intentarlo". Y todo esto me hace preguntarme "¿y a ti que te importa?", "¿y si no quiero ser madre?", "¿qué más te da la edad que tenga?".

Siempre o casi siempre las preguntas vienen de parte de las mujeres, los hombres son más pasotas y tampoco sufren ningún acoso social.

Últimamente, cuando me preguntan, he optado por contar la verdad de por qué no tengo hijos, y es porque no quiero y mi marido menos, y no doy más explicaciones, porque hay mujeres que entienden y otras que responden con lo típico.

En general me siento apoyada por los que me rodean.

También creo que, poco a poco, todo se está normalizando y, en un futuro, dejaremos de ser tan impertinentes con las preguntas y los comentarios. Cada día es más normal que no seamos madres ni cuidadoras de casas y que una mujer pueda elegir si quiere ser o no ser sin tener que ser prejuzgada o que la gente piense "ay pobre, no puede ser madre".

Y termino dándote las gracias, Pilar, por visibilizar este tema que debería resonar en todas las televisiones para que las mujeres no tuviéramos esa carga emocional y existencial.

Montse M. (Informática. Madrid, España)

Cuando llegó el momento, tuve bastante claro que quería ser madre, pero también tenía claro que no a costa de cualquier cosa. En el camino hubo problemas para conseguirlo, en aquel momento tenía pareja y no me sentí muy acompañada para gestionar la situación, de hecho, nos divorciamos en pleno proceso de intentar ser padres. También sentí algo de presión de familiares y amigos, pero no siento que en ningún momento esto haya influido en mis decisiones.

Dejé de intentarlo porque no quería machacar mi cuerpo con hormonas, como decía en el párrafo anterior, no a costa de cualquier cosa. También intenté adoptar, pero 11 años después aún sigo esperando una llamada. Ese es otro tema, pero la adopción en este país no funciona, y no creo que sea porque no hay niños huérfanos en el mundo.

Aun así, creo que en la vida no hay casi nada definitivo. Estoy haciendo un trabajo interno, con la ayuda de Pilar y otras mujeres en mi situación, para intentar tomar una decisión sobre este tema que sea lo más acertada posible. No sé qué pasará al final, pero me siento tranquila, creo que las cosas ocurren de una determinada forma por algo.

Afortunadamente no me he sentido juzgada en exceso, pero todos tenemos en nuestro entorno esas personas que, aunque sea por costumbre, hacen preguntas del tipo "¿y tú para cuándo?" o "¿qué pasa, es que no puedes quedarte embarazada?" y por extraño que parezca, estos comentarios siempre llegan de parte de otras mujeres. Antes no sabía muy bien cómo gestionar esas situaciones, en este momento creo que tendría herramientas más que suficientes, pero ya no suelen preguntar, supongo que piensan que "se me ha pasado el arroz". Nunca deberíamos permitir ese tipo de comentarios, son opiniones gratuitas y muy dañinas para alguien que está viviendo un proceso como el de intentar ser madre, o el de decidir no serlo.

Además, creo que las mujeres no nos apoyamos entre nosotras, ni en esto ni en otras cuestiones. Somos seres vulnerables y complejos, que muchas veces en lugar de ayudarnos, nos echamos tierra sobre nuestros propios tejados. No creo en el concepto de sororidad, me parece una palabra muy bonita en la teoría, pero que en general ponemos muy poco en práctica.

Pese a todo, quiero ser optimista y espero que las cosas estén cambiando. Deseo que las próximas generaciones puedan ser libres de tomar sus propias decisiones sin ser juzgadas. Y para que esto empiece a cambiar, creo que las personas que hemos pasado por situaciones de este tipo tenemos que hablar de ello, contar nuestras experiencias sobre todo a chicas jóvenes de nuestro entorno, para que estén preparadas y no caigan en el error de sentirse condicionadas o heridas por ningún tipo de presión social ni comentarios inoportunos.

Tania C. (Autónoma. Barcelona, España)

Siempre me había visto siendo madre de al menos 3 hijos. Había pensado sus nombres, había imaginado como sería la educación que me gustaría darles, había guardado durante muchos años mucho amor en mi interior para entregárselo a cada uno de ellos. Había imaginado mi parto perfecto, mi maternidad perfecta y mis hijos imperfectos. Incluso en mi mente había vivido sus adolescencias, sus miedos y errores. Durante años he trabajado mis miedos y defectos para el día en el que llegaran. Me había formado para una maternidad que solo estaba en mis mejores sueños. A pesar de todo ello, siempre había tenido claro que, si no venía a través de la eyaculación, no realizaría ninguna técnica reproductiva (no porque esté en contra sino porque pensaba que si no venía no tendría que ser... entre otras creencias).

En el momento de empezar a buscar, empezaron mis miedos, mis indecisiones, los "todavía no es el momento"... cada mes que me venía la regla, para mí era un alivio. Todavía no estaba preparada para ello, tenía muchas cosas por hacer antes de volcarme en la crianza de mi bebé. Aun así, seguíamos buscando un hijo, porque es lo que siempre había deseado. Más o menos a los 2 años de búsqueda, nos hicimos todas las pruebas de infertilidad, pero no se veía ningún problema tan grave como para que no viniera el bebé.

Empezó a surgir la culpabilidad y el sentimiento de incapacidad... "porque todos pueden y yo no".

A los 3 años y medio me quedé embarazada. Mis miedos se esfumaron y deseaba a ese bebé como a nada en el mundo. Y surgió lo inesperado: a las 12 semanas su corazón dejó de latir. Mi pareja no se lo creía, a mí no me dio mucho tiempo a reaccionar, me lo diagnosticó el médico y esa misma noche me puse de parto. Y fue el parto que toda la vida había soñado, con los dolores, con mi parte más salvaje, con todo mi amor y la entrega de todo mi cuerpo. Después de ese parto, me sentí fuerte, empoderada, me sentí capaz, estaba eufórica y muy agradecida por la experiencia que ese bebé me había regalado.

Pero unos días después surgió el bajón esperado. Cada mes era un desafío para mi cuerpo, cada mes odiaba esa parte de mí sangrante.

Esas dos semanas, desde la ovulación al sangrado, eran las peores, y cada mes se repetía la misma ecuación. Los médicos me habían dicho que después de haberme quedado embarazada sería más fácil volverme a quedar. También me dijeron que ahora ya sabíamos que éramos fértiles y que me podría volver a quedar. Me dieron unas esperanzas que nunca fueron reales. La culpabilidad se multiplicaba.

Iba a dos psicólogas, que me ayudaron mucho en el proceso. Volví al médico para hacerme pruebas, incluso llegué a ir a clínicas de reproducción asistida para ver si me querían hacer más pruebas, pero siempre obtenía la misma respuesta: "la única opción que te queda es reproducción asistida...". Pero no les creía, veía que era un negocio.

Pasó un año y medio más, y fue cuando estas mismas palabras salieron de la boca del médico de la seguridad social: "o hacéis reproducción asistida o probablemente no seréis padres". Ese día se me cayó el alma al suelo, me empape de desdicha. Esas palabras resonaron en mi mente y en mis peores sueños.

En las próximas semanas me fusilé a preguntas. Llegué a pensar en apuntarme en la lista de espera de la Seguridad Social.

Seguía con terapia y así fueron pasando semanas y meses y, poco a poco, la niebla de mi mente dejó de ser tan espesa.

Es entonces cuando pude pensar con más claridad y empezar a escucharme, ¿qué era lo que realmente necesitaba? Necesitaba más que nunca dejar de buscar, dejar de fusilarme cada mes, necesitaba descansar, pero me decían "¿cómo vas a dejar de buscar?", "no pienses, y ya está" ¡¡¡JA!!!, como si eso no lo hubiese intentado, como si eso fuera tan fácil. Me sentía tan incomprendida. Porque me empezaba a dar cuenta de que, aunque estar embarazada fue una experiencia única y que no cambiaría por nada, la de tener un hijo no parecía ser mi mayor prioridad, mi gran deseo y cuando me decían "eso es una coraza que te has puesto, pero realmente tu deseas ser madre. No estás siendo coherente", y la peor "no estás haciendo todo lo posible para ser madre, sino harías reproducción asistida" empecé a dudar de mí misma, pensaba ¿y si realmente tienen razón?

Vivía con muchísima incertidumbre, me ahogaba en dudas.

¿Realmente quiero ser madre? ¿Realmente quiero seguir buscando? ¿Qué es lo que deseo?, y mi mayor pregunta: ¿si dejo de buscar me arrepentiré? Me sentía asfixiada y juzgada. Pero a la vez me di cuenta de que había sido la sociedad la que había inculcado mis peores dudas. No me ayudaba hablar con las personas de mi entorno. No los juzgo, simplemente me querían ver feliz y pensaban que la solución era no tirar la toalla. Seguramente yo hubiese caído en los mismos errores, si no hubiese pasado por ello. Por suerte, mi pareja tiene unos valores muy similares a los míos, y eso me ha ayudado mucho.

Aun así, apareció más que nunca, la necesidad de rodearme de gente de mi edad que no tuviera hijos, ¡y por arte de magia aparecieron! ¡Fue increíble! Conocí chicas que no querían tener hijos. Me ayudó a ver que había más opciones de vida que la de ser madre.

Pero me faltaba conocer gente que estuviera en mí misma situación, que buscaba hijos sin conseguirlo. Y es entonces cuando llegó a mi vida el perfil de @holasoymir. Me ayudaron mucho las terapias grupales que organiza Mir con mujeres en busca de la maternidad. Pude escuchar otras vivencias e historias similares a la mía, pude ponerles nombre a cosas que en mi mundo no lo tenían. Me sentía identificada. Dejé de sentirme excluida, porque a pesar de nuestras diferencias, nos entendíamos, escuchábamos y apoyamos. Fue un gran avance para mí.

Aun así, las dudas seguían en mi mente, tenía la necesidad de tomar una decisión, de descansar, de dejar de sentirme culpable por lo que sentía que necesitaba y es cuando encontré entre las redes a Pilar de @hablandodenomaternidad. Gracias a sus preguntas pude indagar en mi interior y dar respuesta a mis dudas. En pocas sesiones llegué a la decisión firme de dejar de buscar, porque sin ser consciente del todo, es lo que yo quería hacer desde hacía mucho tiempo.

Mi vida ha dado un giro de 180ºC. Ahora me doy cuenta de que todas las preguntas y dudas que he tenido han sido necesarias para llegar al punto en el que me encuentro ahora. He comprendido que mis sueños de adolescente no tienen que ser los mismos que los de ahora. He aprendido que el hecho de ser madre es un deseo, no una necesidad innata, tampoco es la mejor o única opción de vida. Aun así, a veces los miedos reaparecen, las preguntas resurgen. ¿Y ahora qué haré?, ¿Qué motivaciones tendré?...

Sigo con terapia, pero vuelvo a ser yo misma, ha resurgido mi alegría y mis ganas de seguir caminando hacia la incertidumbre. Vuelvo a tener ganas de construir mis sueños a cada paso que doy. La vida me ha demostrado que pone todo en su lugar, y cuando se elige el camino correcto, la vida regala aquello que se necesita para seguir avanzando, para lo que estamos destinados. Porque está claro que cada cual elige su camino, pero el camino también elige a las personas.

El ser humano necesita, muchas veces, vivirlo o escucharlo para poder entenderlo. La infertilidad o el no querer ser madre es un tema que ha sido tabú durante muchísimos años. Por ello cuando nos pregunten por la calle lo típico "¿y para cuándo?" o te digan "se te va a pasar el arroz", entre otros, aprovechemos para dar una respuesta que normalice la situación, para hacer entender a la sociedad que existe la infertilidad y la vida sin hijos y que es una opción de vida como cualquier otra. Creo que es de gran importancia seguir dando voz para que se pueda ir integrando en la sociedad. Es algo lento, pero confío en que en unos años las personas vean tantas opciones como destinos, no únicamente el de ser madre.

Lorena S. (Recursos Humanos. Barcelona, España)

Llegar a la decisión de no tener hijos fue un proceso difícil, que venía meditando por mucho tiempo. A mis amigos y familiares siempre les dije que no quería tener hijos, por lo que no se sorprendieron; pero a nivel interno, mi decisión aún no estaba tomada, y eso fue lo más complejo. Creer en ello desde el fondo de mi ser.

En cambio, con conocidos era más difícil explicar por qué no quería tener hijos, y realmente no me hacían sentir muy bien con esa decisión. Hasta que entendí que ese tema es solo mío y la opinión de los demás es de ellos y no tiene por qué afectarme.

Las dudas, en mi caso, surgían del exterior indirectamente hacía mi interior. Por ejemplo, cuando mis amigas comentaban sobre la maternidad y yo me sentía excluida, o veía lo feliz que demostraban ser con esos temas, aunque en el fondo sabía que no era del todo cierto.

Para decidirme intentaba reflejarme en las otras mujeres, pero por lo general mis referentes eran madres y por lo tanto me resultaba difícil tomar definitivamente esa decisión. Sin embargo, cuando empecé a relacionarme con mujeres que habían decidido no ser madres, me sentí acompañada, no juzgada y eso hizo que todo fuera más fácil. Entendí, por fin, que la decisión era solo mía y que no estaba sola en ser de una forma distinta a la que nos habían inculcado desde pequeñas.

No me sentí acompañada por mi pareja ya que él sí quería tener hijos; pero al final entendió que no podía obligarme a decidir sobre mí y mi cuerpo.

En general me he sentido interrogada y juzgada. Aunque mi familia y amigos cercanos sabían de mi decisión, algunas veces dejaban caer comentarios del tipo "se te va a pasar el arroz" o "ser madre es lo más maravilloso del mundo" o "te quedarás sola cuando seas vieja".

Con respecto a las personas en general, siempre se sorprenden cuando una le dice que no quiere ser madre. La mayoría piensa que eres egoísta por no darle a tus padres un nieto o a tu pareja la oportunidad de ser padre; y en la mayoría de los casos intento no responder ni darle más vueltas al asunto, ya que respeto la opinión de los demás, aunque no la comparta. Tratar el tema de forma más natural es lo que mejor me ha funcionado, y sin tantas explicaciones, que al final, son innecesarias.

Actualmente, como estoy soltera, escucho menos comentarios al respecto e incluso a veces ni me preguntan. Antes la presión era mayor, estando en pareja, porque se suponía que nos enseñaron el proceso de la vida como: estudias- encuentras trabajo - encuentras pareja - te casas - compras una casa - tienes hijos - después nietos - mueres.

He recibido críticas de mujeres y hombres indistintamente. Depende más de las experiencias y cultura de la persona. Incluso creo que los hombres jóvenes lo entienden más que las mujeres jóvenes, y los hombres más adultos (un poco más cerrados de mente) lo entienden menos en comparación a mujeres ya adultas, que incluso pueden decirte que se arrepienten de tener hijos y que mi decisión tiene que ser totalmente mía.

Anteriormente me ofendía e incluso llegaba a preguntar el por qué ellos habían decidido ser madres/padres y la mayoría de las respuestas casi que no tenían sentido y esto llevaba a una discusión interminable. Ahora que lo he trabajado, pienso que es absurdo hacer que entiendan tu decisión a personas que son muy cerradas de mente y tienen una experiencia de vida mucho más tradicional.

Prefiero ahorrarme las explicaciones y sin más decir que no quiero y que esa es mi decisión, obviamente siempre está la persona que te diga "cuando tengas más años seguro que te picará el bichito" y prefiero decir "si, si" en vez de darle más detalles o aclaraciones innecesarias.

Creo que seguimos escuchando estas opiniones por el ciclo de vida que comentaba anteriormente y que nos han inculcado que debe de ser así. Además de que hay una romantización exagerada a la maternidad que hace que sea el núcleo central de las mujeres. Venimos de una historia en que la mujer no estudiaba, no trabajaba y estaba en total entrega a su marido y familia. Antes éramos solo máquinas de procrear porque así nos enseñaron y el valor de una mujer radicaba en eso.

Entonces esa historia que llevamos a cuestas, aún hoy en día nos sigue pesando, aunque estudiemos, trabajemos, seamos independientes.

La diferencia hoy es que las mujeres podemos decidir ser o no ser madre, aunque la mayoría siga por el camino socialmente aceptado para sentirse parte de ese conjunto.

El hombre no tiene las mismas presiones que la mujer, tiene otras, como, por ejemplo, ser el sustento de la familia y trabajar duro para llevar dinero a casa, y esa mochila aún la llevan; pero con respecto a la paternidad es diferente, incluso biológicamente, ya que ellos pueden tener hijos hasta muy mayores, entonces esas presiones no están.

Además, seguimos viviendo en culturas muy machistas que tienen al hombre como el centro y que el valor de ellos no radica en su paternidad, por lo que la presión para estos casos es casi nula.

Por mis amigas y familia cercana sí me siento apoyada porque entendieron que es mi decisión; pero fue un camino duro de recorrer. Igualmente sigo sintiéndome "la rara" en los grupos de amigas que son madres; sin embargo, con mis amigas no madres, la situación es diferente y me siento mucho más cómoda.

Pocas madres me han dicho que si ellas pudieran volver atrás no serían madres. Aún las mujeres no se animan a comentarlo porque tienen miedo de ser juzgadas también.

Pienso que todo esto cambiará, porque cada vez más mujeres toman la decisión de no ser madres y se visibiliza también esto.

Será largo el proceso y siempre habrá personas que opinen cosas diferentes, pero a la larga dejará de ser un tema tabú.

Creo que lo que podemos hacer es hablar del tema, apoyarnos entre nosotras y respetar las decisiones de todas las personas.

Carmen G. (Autónoma. Madrid, España)

Al principio cuando me lo plantee nunca veía el momento, era algo estresante pensar en ello. Una vez que lo decidí y planeé me metí en una vorágine de tratamientos, una carrera a largo plazo para conseguirlo, y ya no lo cuestioné más.

Decidí dejarlo porque mi salud mental estaba muy tocada, no estaba preparada para volver a tener otro negativo y tenía miedo de caer en una depresión grande y no poder salir de ella.

Ahora que ya hace varios años que he dejado los tratamientos de reproducción asistida, me siento mucho mejor. Miro a otras mujeres en redes sociales con sus hijos y ya no siento ese dolor, de hecho, las miro con una sonrisa, creo que he pasado mi duelo, vivo con ello, pero no duele como antes.

Durante el tiempo que lo intenté, me he sentido acompañada por mi pareja, pero él lo vivía de otra forma, no tan intensa como yo o quizás no lo expresaba o para él era más sencillo aceptar que no íbamos a tener hijos. Le preocupaba yo.

He sentido en mi entorno familiar, como si fuera algo muy delicado de hablar, sobre todo por parte de mis cuñadas, algo que está en el aire, pero que no se habla… notaba como si tuvieran pena de mí. Me preguntaban a veces si no habíamos pensado en adoptar y yo me sentía culpable por no poder intentar esa opción, por no sentirme lo suficientemente fuerte para llevarla a cabo. No sabían cómo ayudarme. Ocurría lo mismo por parte de otras mujeres, frases típicas. Es algo muy tabú, como las enfermedades, como el cáncer o algo así, que no sabemos qué decir.

Ahora evidentemente ya no me preguntan, cuando lo hacían lo gestionaba mal, no sabía resolverlo, me generaba mucho dolor y baja autoestima.

Creo que seguimos escuchando opiniones porque la gente es poco empática, no sabe de estos temas y estamos influenciados por lo que debe hacer una mujer en su vida, que, por supuesto, es ser madre. Los hombres en absoluto tienen esta presión. Es tremendo como a una mujer se le condiciona incluso un trabajo por este tema, y casi siempre se pregunta a la mujer como si fuera ella sola la que intenta tener familia.

Por desgracia creo que las mujeres no nos apoyamos entre nosotras, sobre todo cuando se convierten en madres. Me he sentido ignorada, he tenido que estar escuchando hablar de sus hijos y sus embarazos toda una noche, por ejemplo, sabiendo que yo buscaba hijos. Creo que hay más vida a parte de la maternidad.

La experiencia con mis amigas la verdad es que no ha sido nada buena, solo me he sentido a gusto con mujeres que estaban pasando lo mismo que yo. Y creo que la cosa, a menos a medio plazo, no va a cambiar.

Creo que esto podría cambiar haciendo más visible todo este tema, hablando de ello y comprendiendo a las demás y sus opciones y/o circunstancias.

Es un cambio muy profundo el que hay que hacer, en la sociedad, educando como siempre, de otra manera. Respetando a los demás, sobre todo, y empatizar, siempre.

Sílvia Rodríguez. (Coach. Barcelona, España)

Desde bien jovencita tengo el recuerdo de no querer tener hijos. Siempre estaba en mi cabeza esa idea de "formar una familia", pero yo no sentía la supuesta "llamada" de la maternidad, ni ese "instinto" del que hablaban. Me decían que con los años me aparecería, que no me preocupase, que lo sentiría, cuando en realidad a mí lo que me preocupaba y me inquietaba era tener que tener hijos y que me preguntasen por ello. Yo me decía que tenía tiempo y que no los tendría mínimo hasta los 30. Y llegaron los 30, así que volví a decirme que más adelante, que todavía tenía tiempo, aunque en el fondo yo no sentía que quisiera ser madre.

Fue a los 34 años, en un momento en que estaba feliz en pareja y muchas amigas empezaron a tener hijos, cuando cogí a la bebé de una de mis amigas en brazos y de repente sentí que quería ser madre. Me sentí feliz, sentí que "por fin" había llegado ese instinto maternal, que era una mujer "normal" y quería ser madre. Aunque todavía no, más adelante, me decía que necesitaba solo unos años más de "tregua" antes de tenerlos. Estudié la opción de congelar óvulos, tenía 34 y decían que los 35 años era el "límite", así que también pasé por las mil dudas que aparecen cuando una mujer se plantea ser madre y qué tipo de maternidad quiere o puede. En aquel momento, y después de muchas dudas, tomé la decisión de que, lo que tuviera que ser, si tenía que ser, cuando fuese, sería. Mi pareja en ese momento decía que no quería y yo no lo sentía con tanta fuerza como para tenerlos, prefería nuestra relación que sí me hacía sentir feliz.

Durante todos esos años, me sentía interrogada, presionada por el entorno, por otras parejas que te decían que valía la pena, aunque las veías quejarse de lo mal que lo estaban pasando, y presenciaba discusiones entre ellos. Nos decían: "disfrutad mientras podáis, que cuando llegan los hijos se acaba todo".

También sentía la presión por parte de mi familia política por sus comentarios, que siguieron incluso cuando ya habíamos verbalizado abiertamente que no queríamos tener hijos. Imagino que el hecho de que haya una familiar que ha sido madre a los 44 todavía les da "esperanzas" de que "cambiemos de opinión". Y entiendo su deseo, pero las personas no son conscientes del impacto que tienen sus palabras y sus deseos en la vida de las otras personas, y en este caso, de nosotras, las mujeres. Porque los hombres no reciben esa presión, ni se les considera incompletos si no tienen hijos.

Fue a punto de cumplir los 38 cuando tomé la decisión de que no quería ser madre, estando por fin convencida de ello. Me costó mucho tomarla, fueron 4 años de dudas, de miedos, de vivir con ese fantasma de que iba a perderme algo tan grande, tan importante como es la maternidad, y la plenitud que dicen que sientes cuando eres madre. Un año después, a mis 39, sigo convencida de ello.

La decisión pude tomarla gracias a otras mujeres no madres que fueron mis referentes. Entre ellas Pilar, a quien agradezco mucho su trabajo y su labor. Tener referentes es imprescindible para sentir que no estamos solas, que no somos raras, que no nos falla nada internamente, que podemos sentir la misma felicidad y plenitud que cualquier mujer, independientemente de nuestra no maternidad, ya que nuestra plenitud y nuestra felicidad no depende de la maternidad. Podemos sentirnos completas sin tener hijos. Y es una afirmación que parece simple, pero es tan complejo llegar a ella cuando desde pequeñas nos inculcan que es la mayor plenitud de la vida de una mujer.

Me gustaría destacar que, en mi caso, me he sentido totalmente acompañada por mi pareja, aunque hayamos tenido momentos en los que nuestra visión haya sido diferente y de ahí hayan surgido discusiones, todo ello ha formado parte de nuestro crecimiento y nos ha fortalecido. Algo también imprescindible para mí, y de lo que me siento muy agradecida, es del gran apoyo que he sentido por parte de mi familia, que siempre ha respetado mi decisión, incluso mi madre, que creo que en el fondo sí desearía ser abuela. En todo momento me ha entendido y ha apoyado mi decisión y no puedo estarle más agradecida. Sé que es algo que ella desearía, y que sólo podría darle yo porque soy hija única, pero también he aprendido que no puedo tomar una decisión tan importante como la de ser madre por los deseos de otras personas, por mucho que los quiera, como es el caso de mi madre, y mucho menos hacerlo por la presión o expectativas de la sociedad.

Creo que cada vez hay más conciencia sobre que la maternidad no es necesariamente el destino de las mujeres, ni su misión en el mundo, ni su obligación. Pero se nos sigue preguntando por qué motivo no lo somos y presionándonos a serlo. Así que creo que todavía falta mucho trabajo por hacer. Más allá del modelo de sociedad pronatalista y del sistema productivo en el que vivimos, que nos daría para abrir otro profundo debate, lo más inmediato creo que pasa por la empatía y el respeto.

Para que esto cambie creo que es necesario que se respete nuestra decisión, sin cuestionar, sin presionar. No dar por sentada la maternidad de las mujeres y dejarnos de preguntar constantemente. Y pensar, además, qué grado de confianza tienes con la mujer a la que vas a preguntarle sobre algo tan íntimo. Empatizar, comprender y aprender. Abrir la mente a que hay muchos modelos de vida, de deseos y de familia, que incluyen también una pareja sin hijos, una mujer sin hijos.

Yo confío en que cada paso suma y que juntas, juntos, apoyándonos, seguiremos avanzando cada vez más hacia una sociedad que normalice la no maternidad. Confío y sueño con que mi ahijada, de casi 9 años, no tenga que sentir lo mismo que hemos sentido tantas de nosotras y seguimos sintiendo, ¡hagamos que sea posible! Por nosotras y por las que vendrán.

Gisele Garcia. (Administrativa. La Pampa, Argentina)

Lo intenté durante años. Sentía que estaba en mi esencia maternar, que era un mandato de mujer. No recuerdo haber pensado querer o no, solo sabía que tenía que ser mamá; que las parejas debían ser padres; que era ahí donde se consumaba el amor; que era solo un hijo/a lo que venía a hacernos familia. Más allá de que nadie, nunca, había mencionado que esto podría no ser posible, ya sea por elección o no, o que había otras posibilidades.

Dejé de intentarlo porque me sentía atada. Mis años, mis meses, mis días vivían ligados a esa búsqueda por las dudas; todo giraba en torno a ese deseo que no solo no se concretaba, sino que además me limitaba a proyectar otras cosas. Siento que deje una mochila, que el último tiempo ya arrastraba, para poder seguir mucho más liviana. Soltar este deseo fue el acto de amor hacia mí misma más grande que jamás he hecho. Ahora me siento libre, me siento mujer; no digo que sea fácil, trabajo a diario con mis propios fantasmas, hoy elijo no seguir intentando y fortaleciendo mis debilidades, encontrando nuevas oportunidades, abriendo mi cabeza y mi mundo. Cabe destacar que pude aceptar no ser madre porque me liberé de la necesidad de serlo; aunque lo había deseado con toda el alma.

Mi incertidumbre más grande sigue siendo el futuro, pero con o sin hijos nadie nos lo puede predecir.

Mi pareja estuvo en todo momento conmigo, maternar o paternar era algo que queríamos, pero siempre me hacía saber que quien ponía el cuerpo era yo, y que él no quería que a mí me pasará algo por seguir intentándolo. Él me elegía a mí por encima de nuestro deseo.

Entre los hombres el tema es aún más tabú, ya que entre ellos no hablan de estas cosas, pocos hacen "tribu" para poner en palabras lo que les sucede. Siento que me acompañó como pudo.

No me he sentido muy interrogada o juzgada porque soy "joven", vivo mis dulces 36. Supongo que ese momento aún no llegó y si bien muchos conocen de nuestra lucha, pocos saben que hemos decidido no continuar en el camino de la búsqueda. Considero que muchos esperan que en algún momento les de la noticia de la bendición, por eso, insisto, aún no cuestionan.

Considero que los hombres viven en un mundo paralelo, y pocos lo ven como algo para interrogar. La mayoría lamenta la situación, acompaña y enseguida menciona alguna razón positiva que conlleva no tener hijos.

Las mujeres, en cambio, insisten en esto de "te vas a perder de sentir el amor más puro que puedas experimentar".

Creo que aún hoy en día escuchamos esas opiniones porque solo quienes transitamos el camino sabemos todo lo que implica a nivel emocional, económico, físico y social. Hablan desde el desconocimiento. Es como si yo brindara un consejo sobre amamantar, gestar o parir.

Claramente a los hombres no les preguntan, no los cuestionan, porque a ellos no "se les va el tren".

Me siento apoyada sólo por aquellas mujeres que de alguna u otra manera han pasado por algo similar, ya sea un aborto, algún tipo de tratamiento, alguna dificultad. Por las que son madre solo siento esa mirada de lástima, de pobrecita, no va a ser mamá. Y son pocas las que te incluyen en planes o detalles de sus crianzas, como si fuéramos la envidia andando.

Estamos alzando la voz, de a poco y no solo se está visibilizando, sino que también estamos generando empatía o al menos que se piense antes de hablar.

En Argentina, particularmente, falta mucho para que esta situación cambie. Mis redes de contención son todas de mujeres españolas. De este lado del océano hay vigentes muchos grupos de fertilidad, pero solo mencionan tratamientos, alternativas, estadísticas, estudios; pero ninguno del "fracaso", la renuncia o de que simplemente es una posibilidad o una elección no ser madre.

Para que la situación cambie podemos seguir extendiendo estas redes de contención, de luchas diversas; podemos desde la escolarización visibilizar todas las posibilidades que tenemos como mujeres, no brindar solo una posibilidad para la mujer, la de ser madre. Podemos ser mucho más que eso. Siento que es un nuevo paradigma, que el mundo está cambiando y las generaciones tienen nuevas ansias de vivir, sin mandatos, sin cargas, sin prejuicios.

que el mundo está cambiando y las generaciones tienen nuevas ansias de vivir, sin mandatos, sin cargas, sin prejuicios.

Marta Palau Queralt. (Artista. Valls, Tarragona, España)

Yo nunca lo he intentado. No ha sido una decisión pensada, aunque nunca sentí ninguna llamada a la maternidad y algunas personas me decían que ya me vendría. Hacia los 27 años empecé a creer que esa "llamada" no existía, que era cultural/social, no biológica, no sé si me explico.

Mi primer matrimonio duró 7 años, de los 24 a los 31 años. Él a veces decía algo, pero tampoco nada serio. Y mi segundo marido, a quién conocí a mis 33 años, ya tenía un niño de 5 años. Un día al principio de nuestra relación (aún no vivíamos juntos) me dijo que él no quería más hijos, que ya tenía uno, y yo le dije que me parecía estupendo ya que yo no quería ser madre. Más adelante cuando la cosa ya era sería, me dijo que le parecía egoísta por su parte lo que me había dicho y que, si yo quería ser madre, él me quería tanto que estaba encantado de tener otro hijo/a. Me reí mucho porque es tan buena persona… le dije que no, que ni se me había pasado por la cabeza, que yo estaba super feliz sabiendo que él no quería más hijos. Y así quedó la cosa.

Yo jamás me he sentido interrogada ni juzgada por nadie, ni amigos, ni familia, ni mi hermana, creo que en eso soy muy afortunada. Solo en algunas conversaciones, cuando alguien te dice "tú no puedes entenderlo porque no tienes hijos" y siempre me lo han dicho mujeres.

Intento resolverlo diciendo lo contrario: "tú no puedes entender mi opinión porque sí los tienes".

Creo que seguimos escuchando estas opiniones porque a las madres se les nubla la razón con los hijos, quizás muchas los tienen, los quieren, pero ahora si pudieran elegir otra vez no los tendrían, no sé.

Yo no he necesitado apoyo para nada. Para mi entorno es normal que yo no tenga ni haya querido hijos.

Espero que todo esto cambie, de hecho, creo que ya está cambiando esa mirada crítica hacia las no madres, porque cada vez conozco más mujeres que han tomado esa decisión conscientemente.

Y para que la situación cambie creo que podemos hacer lo que tú haces: hablar de ello con toda normalidad, diciendo que es una elección tan válida como la otra. Que tiene lo mismo de "egoísta" ser madre, como no serlo, porque lo eliges tú para tu bienestar, tanto una cosa como la otra.

Iliana Moreira. (Fotógrafa. Montevideo, Uruguay)

Mi nombre es Iliana, tengo 36 años, y no tengo hijos.

No fue hasta que comencé un proceso terapéutico cuando tenía 25 años, que logré darle forma a mi decisión de no tener hijos. No fue algo de un día, sino más bien una idea que fue develándose a medida que yo trabajaba en mí misma.

Comencé ese proceso terapéutico, motivada principalmente por esa causa. Me encontraba comenzando una relación con quién permanecí en pareja durante los años siguientes. En ese momento me preocupaba que al avanzar dicha relación mi pareja tuviera el deseo de ser padre, y ¿en qué lugar me dejaba eso a mí? A partir de ese momento me desbordaron las interrogantes: ¿tendría que ceder ante algo que yo no quería?, ¿tendría que renunciar a una relación que, si quería, por no querer ser madre?, ¿realmente yo no deseaba tener hijos?, ¿o sentía miedo? Y si sentía miedo, ¿a qué se debía? Lo que fuera, sería mejor saberlo. No quería correr el riesgo de darme cuenta demasiado tarde, que sí hubiera querido tener hijos y que no era una elección sino solo eso, miedo.

Así que así, sin más. Un día decidí mirar hacia adentro, con el fin de buscar, encontrar y darme mi propia respuesta. Y ahí estaba… yo no soñaba, ni deseaba, ni quería tener hijos. Simplemente quería ser yo. Yo soy suficiente.

Siendo niña, adolescente y durante gran parte de mi juventud, me sentía incómoda ante la presencia de bebes y niños pequeños, pero sobre todo ante mujeres embarazadas. Era como si no supiera cómo actuar, de hecho, no sabía cómo hacerlo. Me generaba una incomodidad desconocida, evitaba exponerme a esa situación. Con el tiempo entendí que esa incomodidad me estaba diciendo algo, lo que yo sentía era presión, ni más ni menos. Así que al final sí, ahí estaba: el miedo, haciendo lo suyo.

Era el miedo de tener la certeza, de que yo tenía que pasar por eso en algún momento de mi vida, y no podía siquiera imaginarlo. El solo hecho de visualizarlo en otras mujeres me generaba pánico. Sentía miedo inconsciente e irracional. Varias veces me encontré pensando sobre cómo haría para llevar un embarazo adelante, no podía pensar en mi cuerpo con una panza, como les comunicaría a las personas sobre mi propio embarazo, como transcurriría un parto, como podría destinar tiempo a criar un hijo cuando no deseaba hacerlo. ¿De dónde sacaría las ganas? Llegué a pensar que la vida al final era eso.

Entonces por fin entendí que esa Iliana que pensaba así, era producto de una sociedad en la que, no solo se espera que la mujer sea madre, sino que se asume. Una vez que nací siendo mujer no hay otras opciones, la maternidad más temprano que tarde debe llegar.

Continuando con mi historia, a medida que avanzaba en la terapia y en mi relación, hablaba con mi pareja sobre esa decisión. Cada cierto tiempo yo le preguntaba cómo se sentía él con respecto a los hijos. Si él deseaba ser padre, si eso era importante en su vida. La respuesta fue variando, pero de fondo era siempre la misma. No tenía una necesidad o un deseo marcado como para proyectar una paternidad, no era algo que descartara en ese momento para el resto de su vida, pero el hecho de ser padre para él no era una prioridad, y siempre me sentí apoyada y acompañada en la decisión. Nuestra relación avanzaba con total normalidad, vitalidad y proyectos sin la necesidad de tener hijos, ni inconvenientes por no tenerlos.

En cuanto a otros ámbitos, me he sentido interrogada muchas veces, el tiempo pasa y no hay indicios de mi parte de proyectar o concretar un embarazo o maternidad, y las preguntas son inminentes. Llegan por parte de familiares, compañeros de trabajo, viejos conocidos que cruzas de casualidad en el supermercado o en la tienda. En estos casos, no llegan con un gran planteo de fondo, sino más bien se deslizan como al pasar en una conversación cualquiera, pero siempre llegan: ¨ ¿Hijos para cuándo? ¨Pero un hijo tenés que tener¨. El bombardeo de preguntas y opiniones sobre lo que yo debo hacer.

En mi experiencia, son las mujeres quienes se detienen más en el tema de la maternidad o la no maternidad, y las edades son variadas, aunque son las mujeres mayores quienes tienden a minimizar más mi decisión, por lo general diciendo que me voy a arrepentir, que esto es algo que digo ahora, pero cuando mi pareja quiera, yo voy a tener que cambiar de opinión. O que si no tengo hijos me voy a perder el amor más lindo del mundo. Incluso alguna vez me han llamado egoísta por decir libremente que no quiero ser madre.

En lo personal, esto es de lo que más me cuesta enfrentar. El no tener hijos es una decisión pensada, incluso en mi caso, es algo natural. Yo no siento el deseo, ni la necesidad de maternar. Por lo tanto, es doloroso que alguien se sienta en la libertad de minimizar mi decisión y mi sentir, queriendo imponer algo por una creencia, por algo que se piensa, por algo que se espera, pero que no tiene nada que ver conmigo.

Dentro de mi círculo más íntimo y cercano, si me siento comprendida y apoyada, quienes me rodean y me conocen, entienden que es una elección de vida, tan válida como cualquier otra. Incluso no ha faltado ese amigo o amiga que ya tiene hijos, y te dice por lo bajito y algo temeroso: "lo bien que haces" alentando mi decisión desde su experiencia.

Algo no menor es lidiar con las expectativas ajenas, sobre todo las familiares, aunque no es así en mi caso, sé que es una problemática para muchas otras mujeres.

Mi madre siempre me dijo una y otra vez que yo había sido una niña deseada, un embarazo planificado, al igual que mi hermana. Que ella siempre había querido tener hijos. Esa madre cuando yo crecí tendía a hacer comentarios esperanzada en sus futuros nietos, fue cuando eso comenzó a hacerse recurrente, que tuve que explicarle que yo no deseaba tener hijos, que debía hacerse cargo de esas expectativas, porque yo no iba a cumplirlas. No fue una gran charla, se dio más natural de lo que parece, fue algo así: "Che má, mira que yo con tener hijos no estoy ni ahí."

Reconozco que no fue difícil decírselo a mamá, y ella siempre ha sido muy respetuosa con mi elección, pero varias veces me he encontrado dando muchas más explicaciones de las que me gustaría, a otras personas que no son tan cercanas a mí en la línea genealógica, y de ahí las más variadas conclusiones. En general cuando una mujer manifiesta su deseo de no tener hijos, muchas personas asumen que es irresponsable, inmadura, que no quiere compromisos, que es egoísta, que solo piensa en ella misma, incluso que tiene dificultad para ¨encontrar¨ una pareja con la que pueda proyectarlo.

Podemos entender lo absurdo que es esto, cuando un hombre en la misma situación no es interrogado. Los hombres no son cuestionados en base a su paternidad. Ver a un hombre de cualquier edad sin hijos no implica asombro alguno. Se entiende la naturaleza libre del hombre como algo totalmente natural.

A lo largo de mi vida y en especial en los últimos años, he dedicado mucho tiempo a pensar en la no maternidad, también a cuestionar, investigar y a escuchar a otras mujeres con las mismas certezas e inquietudes que yo.

Cambiar la visión que se tiene frente a las mujeres que elegimos no tener hijos no es una tarea fácil y menos rápida. En mi opinión es necesario que nosotras mismas seamos firmes militantes de nuestras ideas, ya que si bien existen mujeres que son madres y han tomado esta lucha como propia y que trabajan sistemáticamente en hacer visible a esta minoría de la sociedad, no es lo habitual.

Lo más difícil es derrocar las ideas que nos imponen los mandatos sociales sobre alimentados por las industrias y el consumismo, maquillados como felicidad, vida plena y completitud. Para eso, como en cualquier otro ámbito se requiere información, empatía y respeto.

El avance es real pero lento, es necesario mucho diálogo en espacios de confianza, testimonios más visibles, e información verificada para poder comunicar nuestro sentir, y sobre todo invitar a la reflexión de aquellos quienes no conciben otra posibilidad que la de entender a la mujer, como madre.

Quienes elegimos no tener hijos, no queremos y no debemos ser cuestionadas, presionadas y mucho menos aturdidas con el famoso ¨instinto maternal¨ o culpadas por carecer de él, si es que existe.

Comparto parte de mi historia, porque también es la realidad de muchas mujeres. Pero también quiero destacar que mi elección está basada única y exclusivamente en mi deseo, mis propias expectativas de la vida, mis proyectos y mis elecciones. Cada mujer que toma la decisión de no ser madre tiene sus propios motivos y son tan válidos como los demás. Igual de válidos que los motivos que tienen otras mujeres para elegir el camino de la maternidad y debe ser valorado y respetado de igual forma.

Vivimos en un mundo donde elegimos no tener hijos, cuando la elección debería pasar por si tenerlos. Siento que como sociedad aun no entendemos lo grave de esta premisa.

Deseo para todas las mujeres, que sean suficientes, que sientan que llegan a este mundo como seres completos y reales, y que desde esa suficiencia libremente elijan la vida que quieran vivir. Tener hijos es una elección, no una obligación.

Sandra N. (Contadora pública. San José, Costa Rica)

En este momento de mi vida la maternidad ya no es un tema en el que invierta mucho pensamiento.

Creo que todavía podría ser madre fisiológicamente hablando, pero mi vida en este momento no tiene las condiciones para serlo. No tengo pareja, tengo problemas de salud que harían muy difícil un embarazo, la parte económica también me lo impide y, además, no cuento con un círculo de ayuda.

No siempre lo he tenido claro, más que todo no tengo hijos por las circunstancias de mi vida y mi racionalidad, ya que con mi personalidad analizo mucho las cosas.

En cuanto a los juicios o las preguntas de los demás, he lidiado con las expectativas que en algún momento tenía mi mamá y mis familiares. De alguna forma sentía que los estaba defraudando ya que socialmente se espera que una sea madre y se cree que una no puede ser feliz sin serlo. Esa presión venía solo de las mujeres.

Todo esto lo he resuelto realizando un trabajo de aceptación de las circunstancias, lo que me ha llevado a darme cuenta de que, aunque no tenga hijos, mi vida es realmente buena, que la felicidad no depende de cumplir con mandatos sociales, si no de valorar y disfrutar lo que tenemos y las cosas simples de la vida.

Seguimos escuchando todas esas opiniones por los mandatos sociales y la falta de respeto y empatía.

Creo que los hombres también tienen presión, pero, no se ve tanto que el hombre esté completo hasta que tenga hijos, como se dice de la mujer.

En muchos casos he tenido diferencias con las personas que son madres y padres, ya que no les parece que una emita opiniones sobre el tema de hijos, al no tenerlos una no tiene la potestad de opinar.

Y en algunos casos las personas subestiman tu vida, por no tener esa responsabilidad.

Sin embargo, tengo la suerte de tener a mi alrededor muchas mujeres sin hijos con las cuales me siento acompañada y comprendida.

Creo que el tema cambiará, pero después de varias generaciones.

Para la juventud la idea de no tener hijos es más natural.

Para que estos juicios y preguntas acaben es necesario que se normalice la situación y no se juzguen las decisiones o circunstancias de los demás. Necesitamos respetar cada realidad, porque no sabemos lo que hay en la vida de las personas.

Podemos empezar cada una por hacer el cambio, ser empáticas, respetar, no juzgar, no etiquetar. Todas las realidades tienen su parte difícil y su parte bella.

Ser madre es muy desafiante, no serlo también lo es.

MUJERES SIN HIJOS A LO LARGO DE LA HISTORIA

Y para terminar quería compartir contigo los nombres de algunas mujeres que hicieron historia y no fueron madres. No, no te voy a hablar de actrices, cantantes y celebridades que todas conocemos y cuyas frases hemos leído mil veces en internet. Y no lo hago no porque sus circunstancias o motivos me parezcan menos importantes, sino porque de las archiconocidas como Jennifer Aniston, Helen Mirren, Oprah Winfrey o Renee Zellweger, por nombrar solo a unas cuantas, tenemos frases extraídas de entrevistas muy conocidas por todas. Y de mujeres españolas conocidas ya existe un libro. Si vives en el otro lado del charco, quizás también tengas referentes de tu país o de tu continente.

Aquí voy a nombrar a mujeres que ya no viven, y que, aunque quizás no conozcas porque la historia no ha sido muy amable con las mujeres, son pioneras en distintos ámbitos en épocas en las que aún era más difícil para la mujer conseguir reconocimiento. Se dedicaron a actividades que en ese momento eran consideradas poco "femeninas" lo que supuso que tuvieran que enfrentarse a una presión y a unas críticas que me río yo de la que sufrimos hoy.

Poco importa por qué no fueron madres, si por circunstancias o por decisión, lo que importa es que veas que en condiciones muchísimo más difíciles de las que nosotras vivimos, pudieron desarrollarse y vivir vidas extraordinarias, no sabemos si felices o no, porque eso depende de muchos más factores que de traer hijos a este mundo o de la ocupación que tengas. Hicieron cosas tan importantes que sus nombres, siglos después, aún perduran.

La razón para mostrarte esta lista es simple: si eres una mujer que, como muchas de las mujeres a las que he acompañado a tomar su decisión, crees que el papel más importante en la vida de una mujer es ser madre o, aunque no lo creas, a veces escucharlo te hace dudar, me gustaría que tuvieras en cuenta que siempre han existido mujeres que no han sido madres y han llevado vidas singulares y únicas, ya que la realización de una mujer no es exclusiva de aquellas que son madres. Por supuesto, no estoy diciendo que para algunas mujeres no sea así. Me parece perfecto que algunas encuentren la realización tomando ese camino, bravo por ellas, pero para otras muchas no lo es, y es igual de perfecto.

Algunas de las mujeres que aparecen en esta lista quizás no pudieron serlo, a pesar de querer y otras decidieron no serlo porque, sobre todo en sus épocas, esto habría significado el fin de su carrera. Y, si estas mujeres, viviendo en momentos de la historia en los que no tenían ni la libertad ni el apoyo por parte del sexo masculino para hacer lo que querían, fueron capaces de mantenerse fieles a lo que deseaban, coherentes con ellas mismas frente a mucha más adversidad de la que hoy en día nosotras podemos vivir, tú también puedes elegir.

Estas son algunas de ellas por orden de nacimiento.

Anna Maria van Schurman (1607-1678) Pintora, grabadora, y erudita. Colonia, Alemania

Fue conocida en toda Europa por su educación, ya que sobresalió en el arte, la música y la literatura y se convirtió en experta en 14 idiomas, incluyendo además de idiomas europeos otros como latín, griego antiguo, hebreo, árabe clásico, siríaco, arameo y amhárico.

En esa época las mujeres en ese momento tenían prohibido estudiar en una Universidad, y en las clases a las que asistía, tenía que mantenerse detrás de una cortina para que los estudiantes masculinos no pudieran verla. ¿Te imaginas las ganas que tenía por aprender como para tolerar esto?

Al parecer, fue su padre quién la animó a no casarse para no desperdiciar su talento.

Jane Austen. (1775-1817) Novelista, Reino Unido

Fue una novelista británica conocida por novelas como Orgullo y prejuicio, Emma o Persuasión.

Ha sido llevada al cine en numerosas ocasiones y sus obras siguen despertando interés hoy en día, lo que muestra la vigencia de su pensamiento y la influencia que ha tenido en la literatura posterior. Su vida también ha sido llevada al cine con la película Becoming Jane (2007).

Florence Nightingale (1820-1910) Enfermera, escritora y estadística. Florencia, Italia

Creció en la Inglaterra del siglo XIX, y, a pesar de que su madre se oponía, recibió clases de matemáticas, pues al parecer, la idea de una vida doméstica como sus padres esperaban le horrorizaba.

Su vocación era ser enfermera y logró trabajar en un hospital de mujeres. Se dio cuenta que las condiciones de los hospitales de guerra eran las causantes de propagar enfermedades, por lo que impulsó la higiene de los centros y consiguió que las muertes disminuyeran.

Gracias a sus descubrimientos mejoraron los hospitales y la enfermería empezó a ser una profesión respetable para las mujeres.

Mary Edwards Walker (1832 - 1919) Feminista, abolicionista, y cirujana. Nueva York, Estados Unidos

Se licenció en medicina, estudios que ella misma pagó, trabajando como maestra en la misma escuela que su madre. Fue la única mujer de su promoción.

Se casó y abrió una consulta médica que no funcionó porque nadie quería ser atendido por una mujer. Se presentó voluntaria en el ejército de la Unión cuando estalló la Guerra de Secesión, sirviendo, al principio sin cobrar para conseguir que la dejaran, como cirujana. Tras cruzar las líneas enemigas para tratar a civiles heridos, fue capturada por las fuerzas confederadas y fue prisionera de guerra durante unos meses hasta su liberación en un intercambio de presos.

Después de la guerra se le concedió la mayor condecoración del ejército estadounidense a la valentía, la Medalla de Honor, por sus esfuerzos durante la Guerra Civil. Solo ocho civiles la poseen, y Mary Walker es la única mujer que la ha recibido.

Tras la guerra se dedicó a escribir y dar conferencias en apoyo del sufragio femenino.

Algo que llama mucho la atención, más allá de todos sus logros como cirujana, es que siempre vistió como un hombre. Esto que hoy en día es absurdo incluso de decir, en su época no solo era impensable, sino que fue arrestada varias veces por ello.

Mary Cassatt (1844- 1926) Pintora y grabadora. Pensilvania, Estados Unidos

Nació en Pensilvania, pero pasó gran parte de su vida adulta en Francia, donde se hizo amiga de Edgar Degas, famoso representante del movimiento impresionista al que ella se incorporó. Cassatt pintó, principalmente, imágenes representando la vida social y privada de las mujeres, con especial énfasis en los lazos entre ellas y sus hijos.

Ella jamás tuvo hijos ni se casó. Creía que el matrimonio y la maternidad la alejarían de su arte, de su pintura, y desde muy joven consideró que la vida familiar no era para ella.

Ten en cuenta que en esta época era imposible compaginar

matrimonio e hijos, que se daba por hecho que iban de la mano, con mantener una vocación.

Camille Claudel (1864-1943) Escultora. Fère-en-Tardenois, Francia

Sus padres querían que fuera ama de casa, pero ella aspiraba a más y logró entrar en la Escuela de Bellas Artes de París. Rodin quedó fascinado por su trabajo y le propuso trabajar en su taller. Por aquel entonces el conocido escultor trabajaba en 'Las puertas del infierno' y ella se encargó de modelar las manos y los pies de todas las figuras de este conocido grupo escultórico. No sé a ti, pero cuando estudié arte en Bachillerato, nadie nos comentó este dato.

Al parecer, su presencia en el estudio produjo comentarios discriminatorios, pero siempre se mantuvo constante y trabajadora, logrando la admiración de muchos.

Sus obras alcanzaron cierto éxito en la época y aparecían con frecuencia artículos sobre ella en las revistas de arte.

Nellie Bly (1864-1922). Periodista, escritora y empresaria. Pensilvania, Estados Unidos

Llegó al periodismo de manera no intencionada. Un día leyó un artículo de un diario local que decía que las mujeres que trabajaban eran monstruosas y debían quedarse en casa. Esto la enfadó mucho, y decidió enviarle una carta al director. A este le encantó su estilo y le ofreció trabajar en su diario, para lo que se trasladó a Nueva York.

Desempeñó una gran labor, sobre todo en el campo del periodismo de investigación. Llegó a fingir una enfermedad mental para ser ingresada en una institución con tal de poder denunciar el maltrato que sufrían los pacientes.

En aquella época se había publicado 'La vuelta al mundo en 80 días' de Julio Verne y Nellie quería comprobar si era posible. Al periódico no le hacía mucha gracia, ya que una mujer no podía viajar sola en esa época, pero ella dijo que se lo dieran a un hombre si querían, pero que ella se iría a otro periódico, así que al final, lo consiguió. Puso lo más imprescindible en una maleta y logró dar la vuelta en menos tiempo, tan solo 72 días, 6 horas y 11 minutos. Había dado la vuelta al mundo casi todo el tiempo sola, sin compañía ni protección de un hombre, lo que llegó a inspirar a las mujeres occidentales.

Helen Adams Keller. (1880-1986) Escritora, oradora y activista política. Alabama, Estados Unidos

Con 19 meses sufrió una grave enfermedad que le provocó la pérdida total de la visión y la audición.

Su madre decidió enviarla a una escuela de invidentes y una especialista llamada Anne Sullivan decidió enseñarle a hablar. También aprendió a leer en Braille y a hablar otras lenguas como el francés, el alemán, el latín y el griego.

Fue una gran oradora y activista por los derechos de las personas discapacitadas, un tema que, como te puedes imaginar, pasaba desapercibido en la época.

Alfonsina Strada (1891- 1959) Primera mujer ciclista. Módena, Italia

Para Alfonsina la bicicleta fue una verdadera pasión y, antes de los catorce años ya se las arregló para participar en diversos concursos a escondidas de sus padres: les decía que iba a la misa dominical.

Su madre, después de descubrirla, le dijo que para seguir corriendo ella tendría que casarse e irse de casa. A la edad de catorce años, en 1905, se casó y se mudó a Milán. Su marido, según parece, como regalo de bodas, le compró una bicicleta, así que le apoyó y animó a seguir.

Se trasladaron a Milán y fue allí donde participó en el Giro de Italia, siendo la primera mujer en hacerlo. Logró ser una de las 30 personas que alcanzó la meta y fue recibida como una heroína para muchos aficionados. Sin embargo, las autoridades no lo vieron con buenos ojos y le prohibieron participar. Strada volvió a aparecer en una nueva carrera y batió un récord que nadie había superado en 26 años.

Amelia Earhart. (1897-1939) Piloto. Kansas, Estados Unidos

Es la piloto más famosa de todos los tiempos.

En Canadá, dónde junto con su hermana se apuntó como voluntaria para atender a los heridos de guerra durante la Primera Guerra Mundial en el año 1914, fue donde Amelia se interesó por los aviones.

Más tarde consiguió montarse en un vuelo por encima de Los Ángeles y decidió que quería ser piloto. Obtuvo su licencia de piloto en 1921 y se convirtió en la primera mujer en volar sola a través del Atlántico y recibió el premio Distinguished Flying Cross por parte del Congreso de los EE. UU.

Grace Murray Hopper (1906-1992) Científica de programación y militar con grado de contraalmirante. Nueva York, Estados Unidos

Fue la creadora del COBOL, un lenguaje de alto nivel de programación que aún se utiliza, y es conocida como la primera mujer "hacker" de la historia. Fue ella la que acuñó el término informático "bug" para referirse a un problema en el software gracias a una polilla que entró por una de las ventanas mientras trabajaba con un equipo de ingenieros. La polilla se enganchó en un aparato y apagó el sistema. Pasó a la historia como la forma de denominar un fallo del sistema.

Compaginó su trabajo en la empresa privada con su tarea como académica en diversas universidades y en la reserva de la armada, hasta su jubilación, ya con el rango de comandante. Sin embargo, en 1967 fue llamada de nuevo al servicio activo para estandarizar los lenguajes de alto nivel de la Armada.

En 1973, ya en la reserva, fue la primera mujer en alcanzar el cargo de capitán de navío. Se retiró definitivamente en 1986 como contraalmirante, siendo la persona de más edad en retirarse de la armada de los EE. UU.

A lo largo de su larga carrera, recibió numerosos premios y más de 40 títulos honorarios. El más importante fue el premio Man of the Year (el nombre ya dice mucho de lo poco tenidas en cuenta que éramos las mujeres) por la Data Processing Management Association en 1969.

Simone de Beauvoir (1908-1986) Filósofa, profesora, escritora y activista feminista. Paris. Francia

Su pensamiento se enmarca en la corriente filosófica del existencialismo, y su obra "El segundo sexo" se considera fundamental en la historia del feminismo.

Siempre le pareció que al escribir creaba nuevos mundos con los que contribuía de forma mucho más positiva al enriquecimiento de la vida, que teniendo hijos ya que, estos a su vez engendrarían más hijos y esto le parecía una aburrida y monótona rutina.

Chavela Vargas. (1919 - 2012) Cantante. Mexicana, aunque nacida en Costa Rica

De ella sí que sabemos que no quería tener hijos porque ella mismo lo dijo. Explicó que, en el caso de que tuviera que elegir, se quedaba con la vida y la libertad que le daba ser una mujer solitaria. Según he podido leer, dijo: «¿para qué? ¿para qué me saliera una cosa espantosa? ¿un borracho? no lo soportaría en un hijo mío, en los demás lo aguanto… No iba a ser una buena madre, borracha y parrandera, ¿cómo iba a estar con el niño bajo el brazo cantando con los mariachis?».

Quizás decir esto, incluso hoy en día, no sea muy políticamente correcto, pero a mí me parece muy coherente.

INFORMACIÓN IMPORTANTE

Si deseas comunicarte conmigo puedes hacerlo a hablandodenomaternidad@gmail.com.

Si deseas estar al día de mis servicios y de mis productos (e-books, guías, etc.), sígueme en Instagram @hablandodenomaternidad

www.ingramcontent.com/pod-product-compliance
Lightning Source LLC
Chambersburg PA
CBHW061629250726
48659CB00004B/1139